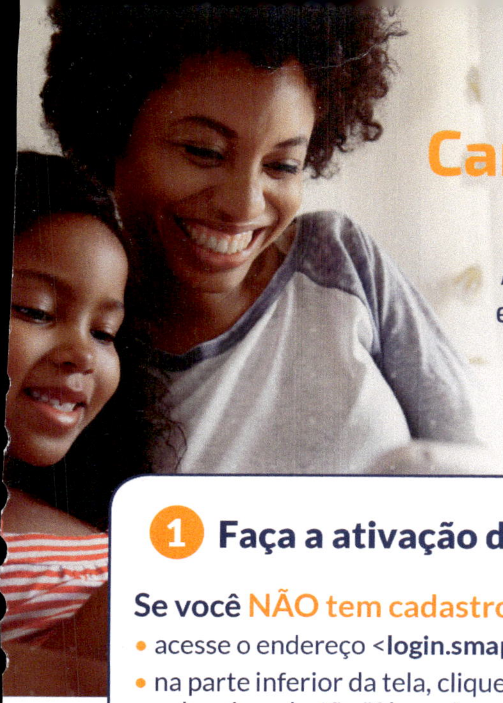

Caro aluno, seja bem-vindo à sua plataforma do conhecimento!

A partir de agora, está à sua disposição uma plataforma que reúne, em um só lugar, recursos educacionais digitais que complementam os livros impressos e foram desenvolvidos especialmente para auxiliar você em seus estudos. Veja como é fácil e rápido acessar os recursos deste projeto.

1 Faça a ativação dos códigos dos seus livros.

Se você NÃO tem cadastro na plataforma:
- acesse o endereço <login.smaprendizagem.com>;
- na parte inferior da tela, clique em "Registre-se" e depois no botão "Alunos";
- escolha o país;
- preencha o formulário com os dados do tutor, do aluno e de acesso.

O seu tutor receberá um *e-mail* para validação da conta. Atenção: sem essa validação, não é possível acessar a plataforma.

Se você JÁ tem cadastro na plataforma:
- em seu computador, acesse a plataforma pelo endereço <login.smaprendizagem.com>;
- em seguida, você visualizará os livros que já estão ativados em seu perfil. Clique no botão "Códigos ou licenças", insira o código abaixo e clique no botão "Validar".

Este é o seu código de ativação! → **DVBX9-AZLBR-AB8HP**

2 Acesse os recursos

usando um computador.

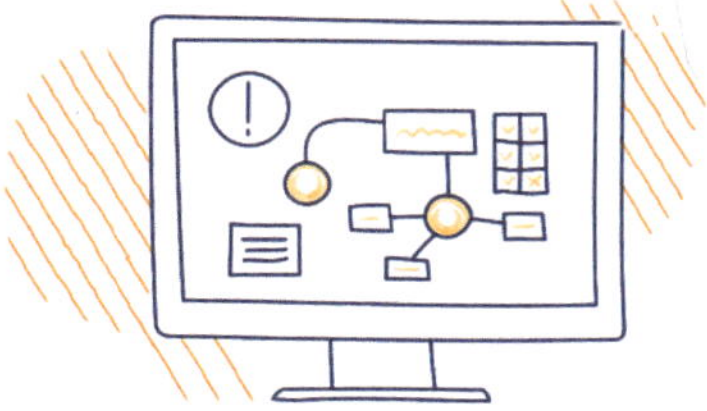

No seu navegador de internet, digite o endereço <login.smaprendizagem.com> e acesse sua conta. Você visualizará todos os livros que tem cadastrados. Para escolher um livro, basta clicar na sua capa.

usando um dispositivo móvel.

Instale o aplicativo **SM Aprendizagem**, que está disponível gratuitamente na loja de aplicativos do dispositivo. Utilize o mesmo *login* e a mesma senha que você cadastrou na plataforma.

Importante! Não se esqueça de sempre cadastrar seus livros da SM em seu perfil. Assim, você garante a visualização dos seus conteúdos, seja no computador, seja no dispositivo móvel. Em caso de dúvida, entre em contato com nosso canal de atendimento pelo **telefone 0800 72 54876** ou pelo *e-mail* atendimento@grupo-sm.com.

BRA205202_2808

APRENDER JUNTOS

2
2º ANO

HISTÓRIA

ENSINO
FUNDAMENTAL

MÔNICA LUNGOV
RAQUEL DOS SANTOS FUNARI

Organizadora: SM Educação
Obra coletiva concebida, desenvolvida e produzida por SM Educação.

São Paulo, 7ª edição, 2021

Aprender Juntos História 2
© SM Educação
Todos os direitos reservados

Direção editorial Cláudia Carvalho Neves
Gerência editorial Lia Monguilhott Bezerra
Gerência de *design* e produção André Monteiro
Edição executiva Valéria Vaz
Edição: Isis Ridão Teixeira, Rodrigo Souza
Suporte editorial: Fernanda de Araújo Fortunato
Coordenação de preparação e revisão Cláudia Rodrigues do Espírito Santo
Preparação: Rosinei Aparecida Rodrigues Araujo, Ivana Costa, Vera Lúcia Rocha
Revisão: Ana Paula Migiyama, Eliane Santoro, Fátima Valentina Cezare Pasculli
Apoio de equipe: Beatriz Nascimento
Coordenação de *design* Gilciane Munhoz
Design: Thatiana Kalaes, Lissa Sakajiri
Coordenação de arte Andressa Fiorio
Edição de arte: Alexandre Pereira
Assistência de arte: Mauro Moreira
Assistência de produção: Leslie Morais
Coordenação de iconografia Josiane Laurentino
Pesquisa iconográfica: Beatriz Micsik, Enio Lopes
Tratamento de imagem: Marcelo Casaro
Capa APIS Design
Ilustração da capa: Henrique Mantovani Petrus
Projeto gráfico APIS Design
Editoração eletrônica Estúdio Anexo
Pre-impressão Américo Jesus
Fabricação Alexander Maeda
Impressão BMF Gráfica e Editora

Em respeito ao meio ambiente, as folhas deste livro foram produzidas com fibras obtidas de árvores de florestas plantadas, com origem certificada.

Dados Internacionais de Catalogação na Publicação (CIP)
(Câmara Brasileira do Livro, SP, Brasil)

Lungov, Mônica
  Aprender juntos história, 2º ano : ensino fundamental / Mônica Lungov, Raquel dos Santos Funari ; organizadora SM Educação ; obra coletiva concebida, desenvolvida e produzida por SM Educação. — 7. ed. — São Paulo : Edições SM, 2021. — (Aprender juntos)

   ISBN 978-65-5744-265-4 (aluno)
   ISBN 978-65-5744-295-1 (professor)

   1. História (Ensino fundamental) I. Funari, Raquel dos Santos. II. Título. III. Série

21-67645   CDD-372.89

Índices para catálogo sistemático:

1. História : Ensino fundamental   372.89

Cibele Maria Dias — Bibliotecária — CRB-8/9427

7ª edição, 2021

2ª impressão, 2022

SM Educação
Rua Cenno Sbrighi, 25 - Edifício West Tower n. 45 – 1º andar
Água Branca 05036-010 São Paulo SP Brasil
Tel. 11 2111-7400
atendimento@grupo-sm.com
www.grupo-sm.com/br

APRESENTAÇÃO

QUERIDO ESTUDANTE, QUERIDA ESTUDANTE,

ESTE LIVRO FOI CUIDADOSAMENTE PENSADO PARA AJUDAR VOCÊ A CONSTRUIR UMA APRENDIZAGEM CHEIA DE SIGNIFICADOS, QUE LHE SEJA ÚTIL NÃO SOMENTE HOJE, MAS TAMBÉM NO FUTURO. NELE, VOCÊ VAI ENCONTRAR INCENTIVO PARA CRIAR, EXPRESSAR IDEIAS E PENSAMENTOS, REFLETIR SOBRE O QUE APRENDE E TROCAR EXPERIÊNCIAS E CONHECIMENTOS.

OS TEMAS, OS TEXTOS, AS IMAGENS E AS ATIVIDADES PROPOSTOS POSSIBILITAM O DESENVOLVIMENTO DE COMPETÊNCIAS E DE HABILIDADES FUNDAMENTAIS PARA VIVER EM SOCIEDADE. TAMBÉM AJUDAM VOCÊ A LIDAR COM SUAS EMOÇÕES, DEMONSTRAR EMPATIA, ALCANÇAR OBJETIVOS, MANTER RELAÇÕES SOCIAIS POSITIVAS E TOMAR DECISÕES DE MANEIRA RESPONSÁVEL. AQUI, VOCÊ VAI ENCONTRAR OPORTUNIDADES VALIOSAS PARA QUE SE DESENVOLVA COMO CIDADÃO OU CIDADÃ.

ACREDITAMOS QUE É POR MEIO DE ATITUDES POSITIVAS E CONSTRUTIVAS QUE SE CONQUISTAM AUTONOMIA E CAPACIDADE PARA TOMAR DECISÕES ACERTADAS, RESOLVER PROBLEMAS E SUPERAR CONFLITOS.

ESPERAMOS QUE ESTE MATERIAL CONTRIBUA PARA SEU DESENVOLVIMENTO E PARA SUA FORMAÇÃO.

BONS ESTUDOS!

EQUIPE EDITORIAL

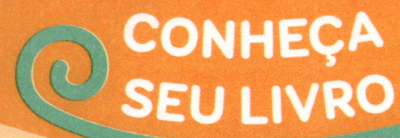

CONHEÇA SEU LIVRO

CONHECER SEU LIVRO DIDÁTICO VAI AJUDAR VOCÊ A APROVEITAR MELHOR AS OPORTUNIDADES DE APRENDIZAGEM QUE ELE OFERECE.

ESTE VOLUME CONTÉM DOZE CAPÍTULOS.

VEJA COMO SEU LIVRO ESTÁ ORGANIZADO.

ABERTURA DO LIVRO

BOAS-VINDAS!

NESTA SEÇÃO, VAMOS VER O QUE VOCÊ JÁ CONHECE SOBRE OS TEMAS QUE SERÃO ESTUDADOS.

ABERTURA DE CAPÍTULO

UMA DUPLA DE PÁGINAS MARCA O INÍCIO DE CADA CAPÍTULO. NELA, IMAGENS VARIADAS VÃO FAZER VOCÊ E A TURMA PENSAR E CONVERSAR SOBRE OS TEMAS QUE SERÃO DESENVOLVIDOS AO LONGO DO CAPÍTULO.

DESENVOLVIMENTO DO ASSUNTO

OS TEXTOS, AS IMAGENS E AS ATIVIDADES DESTAS PÁGINAS VÃO PERMITIR QUE VOCÊ COMPREENDA O CONTEÚDO QUE ESTÁ SENDO APRESENTADO.

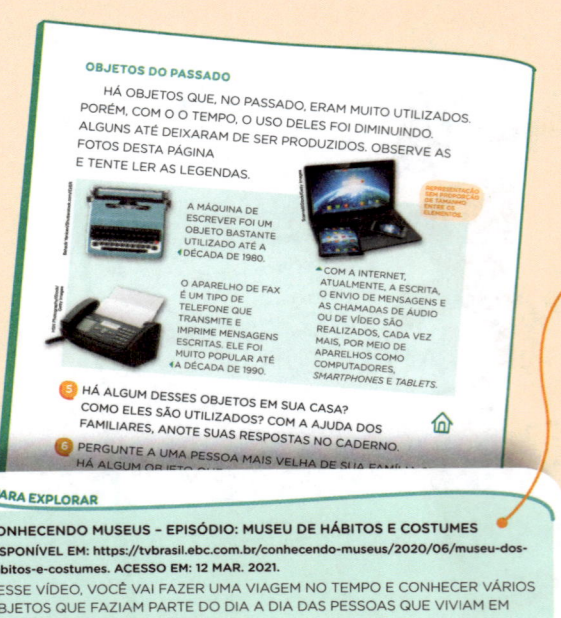

PARA EXPLORAR

AQUI, HÁ SUGESTÕES DE *SITES*, FILMES, LIVROS E OUTRAS DICAS QUE AMPLIAM E APROFUNDAM OS CONTEÚDOS ESTUDADOS.

REGISTROS

NESTA SEÇÃO, VOCÊ VAI IDENTIFICAR E ANALISAR DIFERENTES TIPOS DE REGISTROS HISTÓRICOS E REFLETIR SOBRE ELES.

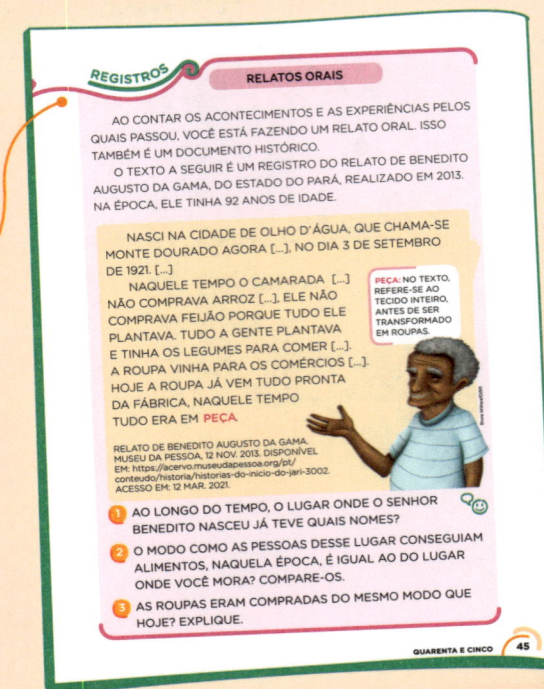

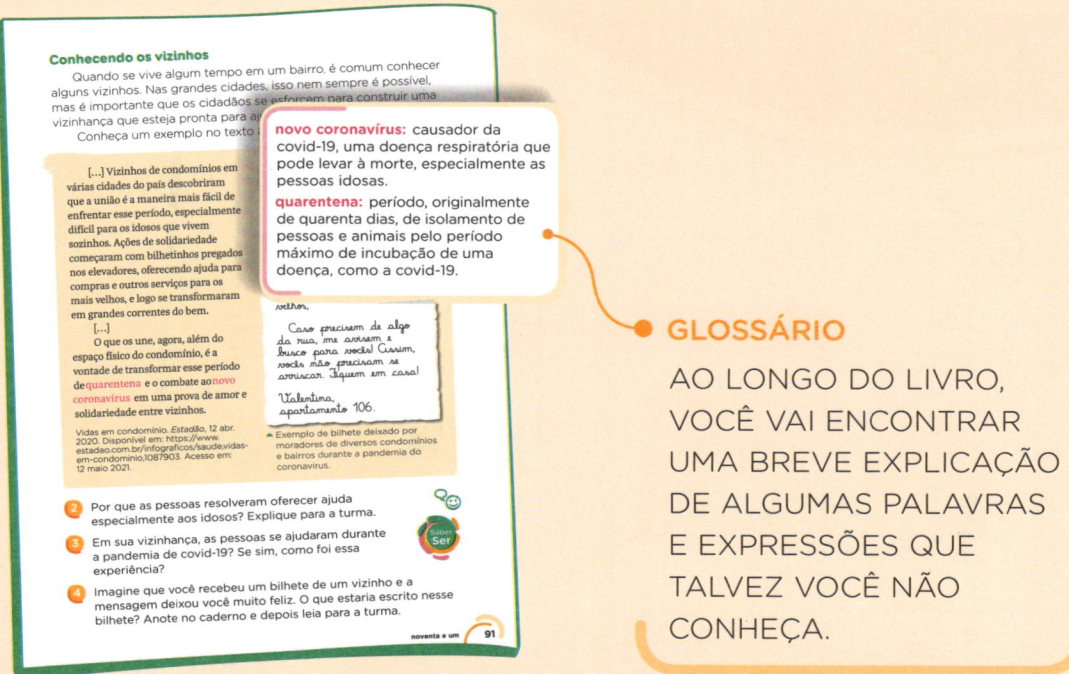

GLOSSÁRIO

AO LONGO DO LIVRO, VOCÊ VAI ENCONTRAR UMA BREVE EXPLICAÇÃO DE ALGUMAS PALAVRAS E EXPRESSÕES QUE TALVEZ VOCÊ NÃO CONHEÇA.

FINALIZANDO O CAPÍTULO

NO FINAL DE CADA CAPÍTULO, HÁ SEÇÕES QUE AMPLIAM SEUS CONHECIMENTOS SOBRE A LEITURA DE IMAGENS E A DIVERSIDADE CULTURAL, ALÉM DE VERIFICAR OS CONTEÚDOS ESTUDADOS.

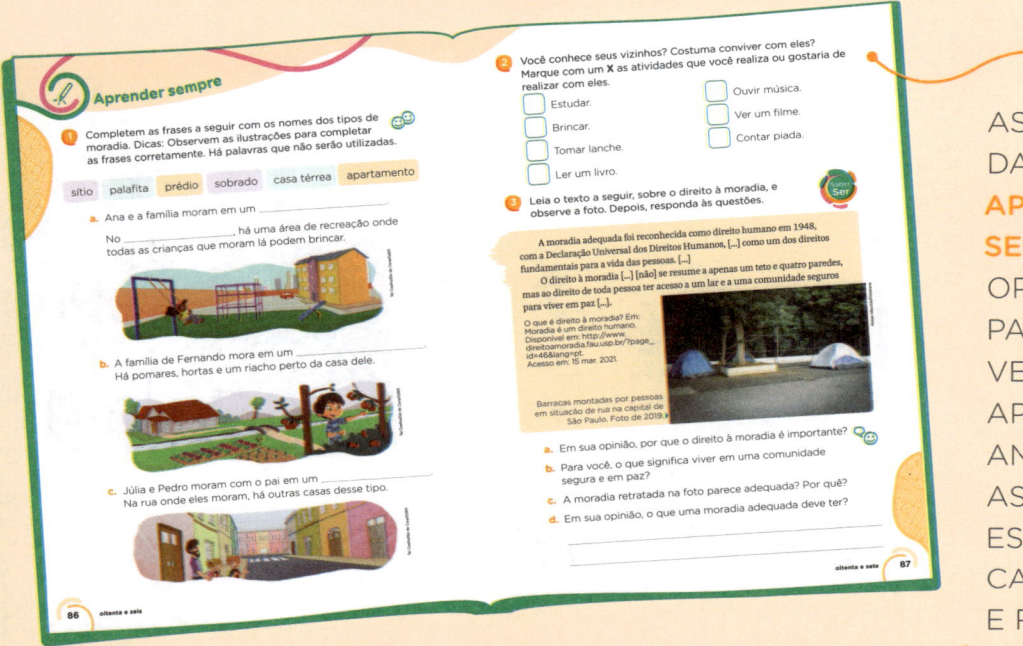

AS ATIVIDADES DA SEÇÃO **APRENDER SEMPRE** SÃO UMA OPORTUNIDADE PARA VOCÊ VERIFICAR O QUE APRENDEU, ANALISAR OS ASSUNTOS ESTUDADOS EM CADA CAPÍTULO E REFLETIR SOBRE ELES.

SETE 7

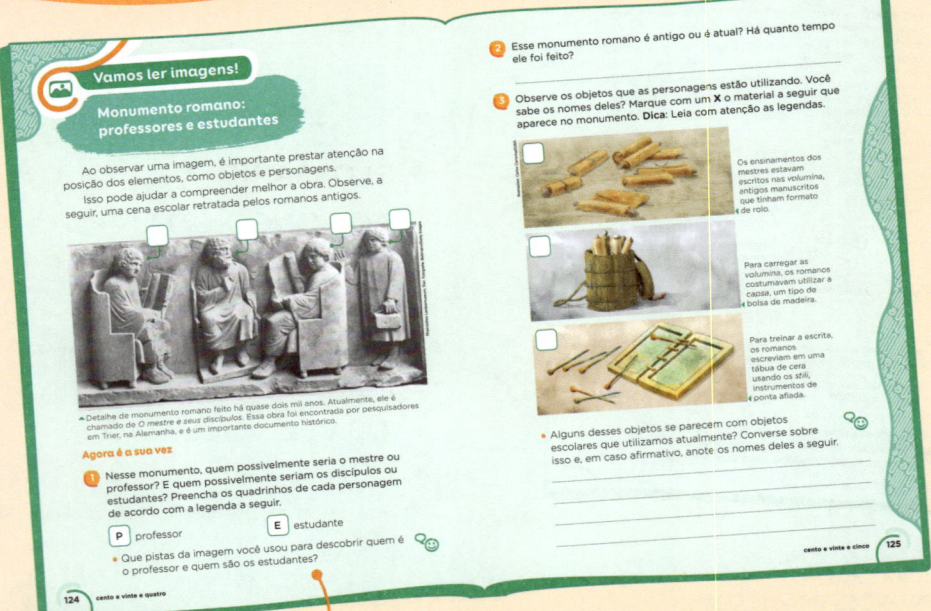

A SEÇÃO **VAMOS LER IMAGENS!** PROPÕE A ANÁLISE DE UMA OU MAIS IMAGENS E É ACOMPANHADA DE ATIVIDADES QUE VÃO AJUDAR VOCÊ A COMPREENDER DIFERENTES TIPOS DE IMAGEM.

NA SEÇÃO **PESSOAS E LUGARES** VOCÊ VAI CONHECER ALGUMAS CARACTERÍSTICAS CULTURAIS DE DIFERENTES COMUNIDADES.

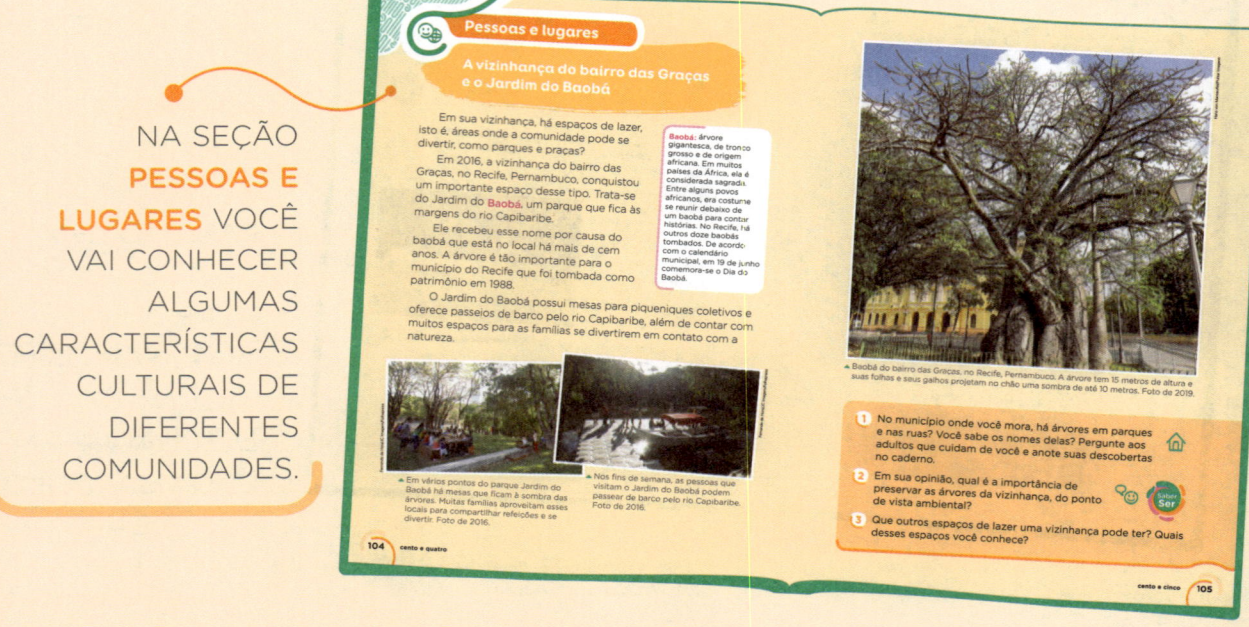

FINALIZANDO O LIVRO

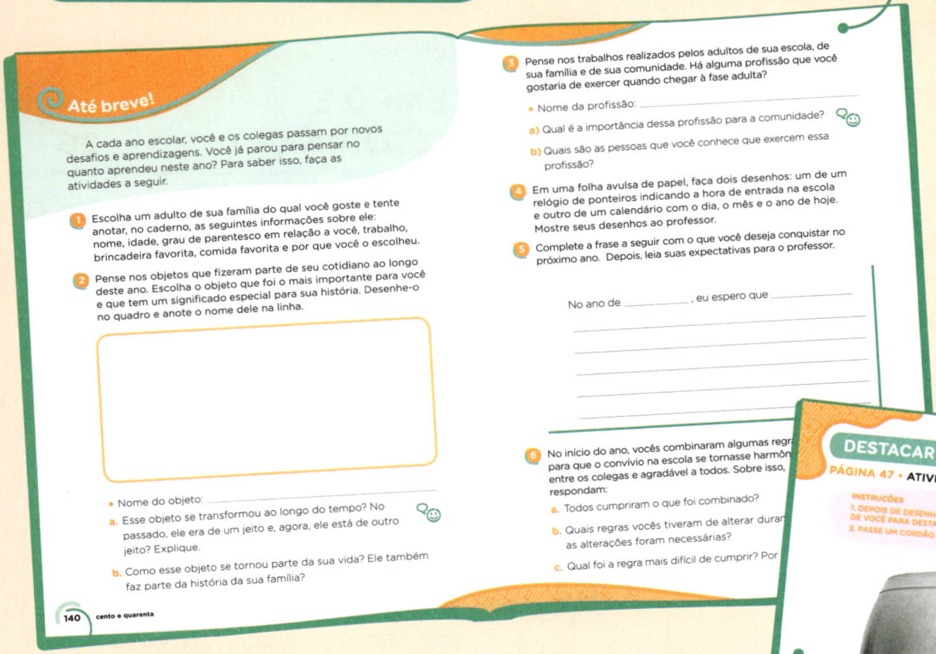

ATÉ BREVE!
AQUI, VAMOS VERIFICAR SUA APRENDIZAGEM DOS PRINCIPAIS CONTEÚDOS DESENVOLVIDOS DURANTE O ANO.

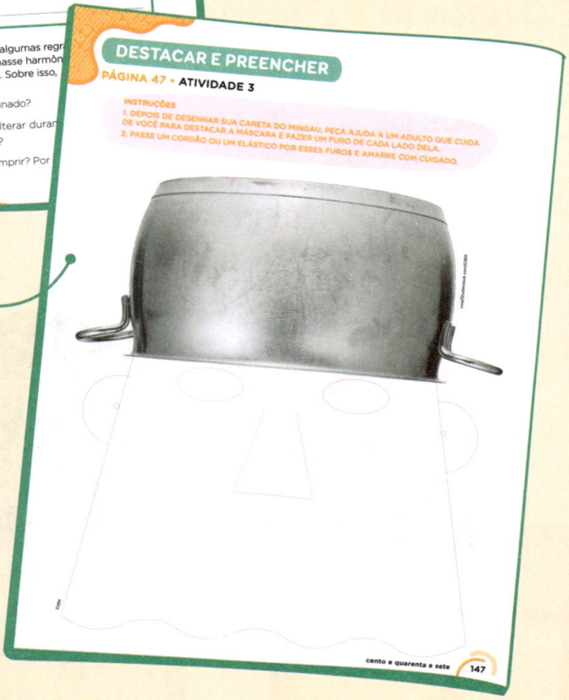

HÁ TAMBÉM OS **ENCARTES**. ELES SÃO MATERIAIS COMPLEMENTARES QUE VOCÊ VAI USAR EM ALGUMAS ATIVIDADES.

REPRESENTAÇÃO SEM PROPORÇÃO DE TAMANHO E/OU DISTÂNCIA ENTRE OS ELEMENTOS.

ÍCONES USADOS NOS LIVROS

SABER SER
SINALIZA MOMENTOS PROPÍCIOS PARA O DESENVOLVIMENTO DAS COMPETÊNCIAS SOCIOEMOCIONAIS.

PROPORÇÕES
TRAZ INFORMAÇÕES SOBRE AS PROPORÇÕES DE FOTOS, ILUSTRAÇÕES E OUTROS ELEMENTOS DA PÁGINA.

 ATIVIDADE EM DUPLA

 ATIVIDADE EM GRUPO

 ATIVIDADE ORAL

 ATIVIDADE PARA CASA

NOVE 9

SUMÁRIO

CAPÍTULO 1 — O QUE É HISTÓRIA? 16

- **O ESTUDO DA HISTÓRIA** • 18
  - HISTÓRIA E HISTORIADOR • 19
- **QUEM FAZ A HISTÓRIA?** • 20
- **DOCUMENTOS HISTÓRICOS** • 21
- **TIPOS DE DOCUMENTOS HISTÓRICOS** • 22
- **REGISTROS**
  - BONECAS • 23
- **APRENDER SEMPRE** • 24

CAPÍTULO 2 — O TEMPO E A HISTÓRIA 26

- **JEITOS DE MEDIR O TEMPO** • 28
  - INSTRUMENTOS PARA MEDIR O TEMPO • 29
  - CALENDÁRIOS • 30
  - CONHECENDO O CALENDÁRIO CRISTÃO • 31
- **TEMPO E HISTÓRIA** • 32
  - LINHA DO TEMPO • 33
- **VAMOS LER IMAGENS!**
  - ILUSTRAÇÕES DE UM CALENDÁRIO INDÍGENA • 34
- **APRENDER SEMPRE** • 36

CAPÍTULO 3 — TODOS TEMOS HISTÓRIA — 38

- **LEMBRANÇAS** • 40
- **VOCÊ TEM HISTÓRIA** • 41
  - OBJETOS PESSOAIS • 42
  - OBJETOS DO PASSADO • 43
- **OS COSTUMES** • 44
- **REGISTROS**
  - RELATOS ORAIS • 45
- **PESSOAS E LUGARES**
  - AS CARETAS DO MINGAU DE SAUBARA • 46
- **APRENDER SEMPRE** • 48

CAPÍTULO 4 — MUITAS FAMÍLIAS, MUITAS HISTÓRIAS — 50

- **CADA FAMÍLIA TEM UM JEITO E UM TAMANHO** • 52
  - MUITOS POVOS, MUITOS TIPOS DE FAMÍLIA • 53
- **A FAMÍLIA NO TEMPO** • 54
  - CADA FAMÍLIA TEM UMA HISTÓRIA • 55
  - OS SOBRENOMES • 56
- **REGISTROS**
  - FOTOS DE FAMÍLIA • 57
- **APRENDER SEMPRE** • 58

CAPÍTULO 5 — CONVIVENDO COM A FAMÍLIA — 60

- **O DIA A DIA EM FAMÍLIA** • 62
  - AS TAREFAS DOMÉSTICAS • 63
- **OS COSTUMES DE CADA FAMÍLIA** • 64
  - RECONHECENDO OS COSTUMES • 65
- **VAMOS LER IMAGENS!**
  - FAMÍLIAS DE UM PASSADO DISTANTE • 66
- **APRENDER SEMPRE** • 68

CAPÍTULO 6 — AS FAMÍLIAS BRASILEIRAS — 70

- **FAMÍLIAS DE DIFERENTES ORIGENS** • 72
  - UMA MISTURA DE COSTUMES • 73
- **OS COSTUMES NAS FAMÍLIAS DO PASSADO** • 74
  - MUDANÇAS • 75
- **PESSOAS E LUGARES**
  - OS INY E AS BONECAS DE CERÂMICA • 76
- **APRENDER SEMPRE** • 78

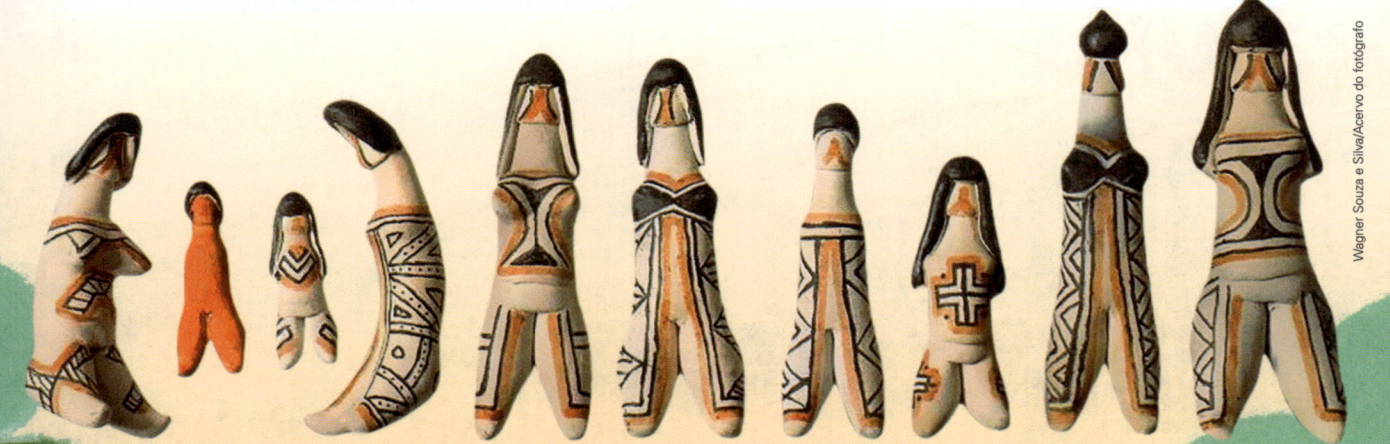

CAPÍTULO 7 — AS MORADIAS E A VIZINHANÇA • 80

- TIPOS DE MORADIA • 82
- MUDANÇAS NA VIZINHANÇA • 83
  - MORADIAS DO PASSADO • 84
- REGISTROS
  - O ENDEREÇO • 85
- APRENDER SEMPRE • 86

CAPÍTULO 8 — CONVIVENDO COM A VIZINHANÇA • 88

- CADA VIZINHANÇA É DE UM JEITO • 90
  - CONHECENDO OS VIZINHOS • 91
- SERVIÇOS PÚBLICOS: ONTEM E HOJE • 92
  - SERVIÇOS PÚBLICOS NO PRESENTE • 93
- VAMOS LER IMAGENS!
  - PINTURA E FOTO: VILA RICA E OURO PRETO • 94
- APRENDER SEMPRE • 96

CAPÍTULO 9 — OS BAIRROS TAMBÉM TÊM HISTÓRIA • 98

- COMO SURGEM OS BAIRROS • 100
- OS BAIRROS SE TRANSFORMAM • 101
  - OBJETOS E MEMÓRIA • 102
- REGISTROS
  - PORTO VELHO E A FERROVIA • 103
- PESSOAS E LUGARES
  - A VIZINHANÇA DO BAIRRO DAS GRAÇAS E O JARDIM DO BAOBÁ • 104
- APRENDER SEMPRE • 106

CAPÍTULO 10 — A COMUNIDADE ESCOLAR — 108

- A ESCOLA É DIREITO DE TODOS • 110
- OS FUNCIONÁRIOS DA ESCOLA • 111
- AS FAMÍLIAS NA ESCOLA • 112
- AS PRIMEIRAS ESCOLAS • 113
- ALGUNS ESTUDANTES E PROFESSORES DO PASSADO • 114
- REGISTROS
  - OBJETOS ESCOLARES • 115
- APRENDER SEMPRE • 116

CAPÍTULO 11 — A CONVIVÊNCIA NA ESCOLA — 118

- COLEGAS DE TURMA • 120
  - NA SALA DE AULA • 121
- TODOS MERECEM RESPEITO • 122
  - DIREITOS E DEVERES NA ESCOLA • 123
- VAMOS LER IMAGENS!
  - MONUMENTO ROMANO: PROFESSORES E ESTUDANTES • 124
- APRENDER SEMPRE • 126

CAPÍTULO 12 — AS ESCOLAS DO BRASIL: ONTEM E HOJE — 128

- HÁ CEM ANOS... • 130
- REGISTROS
  - BOLETIM ESCOLAR • 131
- AS ESCOLAS INDÍGENAS • 132
  - APRENDENDO AS TRADIÇÕES DE SEU POVO • 133
- AS ESCOLAS NAS COMUNIDADES QUILOMBOLAS • 134
  - A IMPORTÂNCIA DOS ANTEPASSADOS • 135
- PESSOAS E LUGARES
  - A ESCOLA DA COMUNIDADE CABECEIRA DO AMORIM • 136
- APRENDER SEMPRE • 138

- ATÉ BREVE! • 140
- SUGESTÕES DE LEITURA • 142
- BIBLIOGRAFIA COMENTADA • 144
- ENCARTES • 145

BOAS-VINDAS!

VOCÊ VAI DAR INÍCIO AO SEGUNDO ANO DO ENSINO FUNDAMENTAL! PARA COMEÇAR, FAÇA AS ATIVIDADES A SEGUIR. VAMOS LÁ!

1. QUAIS SÃO AS DIFERENÇAS ENTRE O LUGAR ONDE VOCÊ MORA E O LUGAR ONDE VOCÊ ESTUDA? PARA RESPONDER, CONTE AO PROFESSOR AS DIFERENÇAS ENTRE:

A. AS PESSOAS DE CADA LUGAR.

B. AS ATIVIDADES DE CADA LUGAR.

C. OS OBJETOS DE CADA LUGAR.

2. COMO FORAM SUAS FÉRIAS ESCOLARES? ESCOLHA UMA EXPERIÊNCIA QUE VOCÊ VIVENCIOU NESSE PERÍODO E FAÇA UM DESENHO SOBRE ELA, EM UMA FOLHA AVULSA DE PAPEL.

- SOBRE ESSA EXPERIÊNCIA, RESPONDA:

A. QUAIS PESSOAS PARTICIPARAM DESSA HISTÓRIA?

B. POR QUE ESSA HISTÓRIA É IMPORTANTE?

C. OUTRAS FAMÍLIAS PASSARAM POR UMA EXPERIÊNCIA PARECIDA? OUÇA AS HISTÓRIAS DOS COLEGAS.

3. VOCÊ SE LEMBRA DE COMO ERA SUA FAMÍLIA NO INÍCIO DO ANO PASSADO, QUANDO VOCÊ COMEÇOU A CURSAR O PRIMEIRO ANO?

A. HOUVE MUDANÇAS NELA? QUAIS?

B. ALGUMAS CARATERÍSTICAS PERMANECERAM DESDE AQUELA ÉPOCA? QUAIS?

4. EM UMA FOLHA AVULSA DE PAPEL, FAÇA UMA LISTA COM O NOME DE QUATRO PROFISSÕES. DEPOIS, CONTE AO PROFESSOR: POR QUE CADA UMA DELAS É IMPORTANTE?

5. OBSERVE A TIRA A SEGUIR E CONTORNE AS PALAVRAS QUE VOCÊ RECONHECE NOS BALÕES DE FALA.

▲ ALEXANDRE BECK. ARMANDINHO. TIRA PUBLICADA NAS REDES SOCIAIS EM 2019.

- ACOMPANHE A LEITURA DA TIRA COM O PROFESSOR. DEPOIS, RESPONDA ÀS PERGUNTAS QUE ELE VAI FAZER.

A. VOCÊ CONCORDA COM O ARMANDINHO? POR QUÊ?

B. ANOTE O NOME DE TRÊS BRINCADEIRAS QUE VOCÊ APRENDEU NO ANO PASSADO.

_____

_____

_____

C. CONTE AO PROFESSOR CINCO COISAS QUE VOCÊ APRENDEU NO ANO ANTERIOR.

6. NA OPINIÃO DE VOCÊS, QUAIS SÃO AS PRINCIPAIS TAREFAS DE UM ESTUDANTE? POR QUE É IMPORTANTE CUMPRIR ESSAS TAREFAS?

7. COMO OS ESTUDANTES DEVEM AGIR DURANTE AS ATIVIDADES EM GRUPO? POR QUE ELES DEVEM AGIR ASSIM?

- COM BASE NAS RESPOSTAS ANTERIORES, ELABOREM UMA LISTA DE REGRAS DA TURMA PARA TORNAR A ESCOLA UM BOM LUGAR PARA CONVIVER E APRENDER.

CAPÍTULO 1

O QUE É HISTÓRIA?

TUDO O QUE ACONTECEU EM SUA VIDA ATÉ AGORA FAZ PARTE DA SUA HISTÓRIA. AO LONGO DO TEMPO, DEIXAMOS PISTAS DE NOSSA HISTÓRIA NOS ESPAÇOS ONDE VIVEMOS.

PARA COMEÇO DE CONVERSA

1. A IMAGEM MOSTRA QUAL PARTE DA CASA DE NINA? QUE PISTAS VOCÊ USOU PARA CHEGAR A ESSA CONCLUSÃO?

2. QUE OUTROS OBJETOS PODEM DAR PISTAS SOBRE OS MORADORES DESSA CASA? POR QUÊ?

3. COMO É ESSA PARTE DA CASA ONDE VOCÊ MORA? ELA TEM OBJETOS QUE PODERIAM CONTAR A SUA HISTÓRIA?

◀ ILUSTRAÇÃO DE UM CÔMODO DA CASA DE NINA. NOS DETALHES, FOTOS DE GATO, DE PEÇAS DE MONTAR, DE MOCHILA E DE QUINTAL COM BALANÇO.

DEZESSETE 17

O ESTUDO DA HISTÓRIA

OBSERVE A SALA DE AULA ONDE VOCÊ ESTÁ. NOTE COMO AS MESAS ESTÃO ORGANIZADAS, QUEM DÁ AS AULAS, QUE TIPO DE ROUPA VOCÊ E OS COLEGAS USAM...

HÁ CERCA DE CEM ANOS, AS ESCOLAS ERAM BEM DIFERENTES DAS ESCOLAS ATUAIS.

OBSERVE A FOTO E VEJA AS PISTAS QUE ELA FORNECE SOBRE UM DOS TIPOS DE SALA DE AULA DO PASSADO.

SALA DE AULA DA ESCOLA JOSÉ PEDRO VARELA, NO MUNICÍPIO DO RIO DE JANEIRO, FOTO DE 1923.

1 AGORA, RESPONDA ÀS QUESTÕES SOBRE ESSA FOTO.

　A. O QUE MAIS CHAMOU SUA ATENÇÃO NELA?

　B. QUE SEMELHANÇAS E DIFERENÇAS VOCÊ PERCEBE ENTRE A SALA DE AULA DA FOTO E A SUA SALA DE AULA?

2 OBSERVE DE NOVO A FOTO E COMPLETE CADA FRASE COM UMA DAS INFORMAÇÕES APRESENTADAS NOS QUADROS.

　A. OS ESTUDANTES ESTÃO ORGANIZADOS EM _____.

QUARTETOS　　TRIOS　　DUPLAS

　B. OS ESTUDANTES ESTÃO VESTIDOS COM _____.

UNIFORME　　ROUPAS DE FESTA　　ROUPAS DE BANHO

HISTÓRIA E HISTORIADOR

ESTUDAR O PASSADO, OBSERVANDO O QUE MUDOU E TAMBÉM O QUE SE MANTEVE AO LONGO DO TEMPO, NOS AJUDA A ENTENDER O PRESENTE.

POR EXEMPLO, PARA COMPREENDER MELHOR AS ESCOLAS ATUAIS, DEVEMOS PROCURAR SABER O QUE MUDOU E O QUE PERMANECEU NELAS COM O PASSAR DOS ANOS.

O HISTORIADOR É O PROFISSIONAL QUE PESQUISA E ANALISA AS SOCIEDADES DE DIFERENTES ÉPOCAS E LUGARES, ESTUDANDO AS DIVERSAS PISTAS DEIXADAS POR ESSAS SOCIEDADES.

3 OBSERVE ESTAS IMAGENS:

▲ CRIANÇAS BRINCANDO EM PRAIA DE BAÍA FORMOSA, RIO GRANDE DO NORTE. FOTO DE 2019.

▲ RAMSAY R. REINAGLE. *CRIANÇAS BRINCANDO NA PRAIA*, 1830. ÓLEO SOBRE TELA.

- PINTE DE **AMARELO** A FRASE CORRETA.

  - AS DUAS IMAGENS RETRATAM CRIANÇAS NA PRAIA.
  - AS DUAS IMAGENS SÃO DA MESMA ÉPOCA.
  - A IMAGEM **B** RETRATA A ÉPOCA MAIS ATUAL.

4 QUE PISTAS VOCÊ USOU PARA IDENTIFICAR A FRASE CORRETA?

QUEM FAZ A HISTÓRIA?

TODOS NÓS FAZEMOS A HISTÓRIA: CRIANÇAS, JOVENS, IDOSOS, HOMENS, MULHERES, TRABALHADORES, GOVERNANTES.

A HISTÓRIA DE CADA UM COMEÇA NO NASCIMENTO E SE CONSTRÓI AO LONGO DO TEMPO. COSTUMES, MANEIRAS DE TRABALHAR, CONHECIMENTOS, MODOS DE VIVER, TUDO FAZ PARTE DA HISTÓRIA.

▲ OS COSTUMES ESTÃO SEMPRE SE MODIFICANDO E SOMOS CAPAZES DE APRENDER NOVOS HÁBITOS EM QUALQUER IDADE. NA FOTO, AVÓ E NETA USAM *TABLET*, EM 2020.

▲ O CONVÍVIO ENTRE OS POVOS TAMBÉM TRANSFORMA OS COSTUMES. NA FOTO, MULHERES DO POVO WAUJÁ TIRAM FOTOS USANDO *SMARTPHONES*, EM GAÚCHA DO NORTE, MATO GROSSO, 2019.

◀ A FORMA COMO NOS COMPORTAMOS E O USO QUE FAZEMOS DOS ESPAÇOS TAMBÉM FAZEM PARTE DA HISTÓRIA. NA FOTO, PESSOAS NO PARQUE DOS VENTOS, EM SALVADOR, BAHIA, 2020.

1. AGORA, VOCÊ VAI ESCREVER ALGUMAS INFORMAÇÕES SOBRE PARTE DE SUA HISTÓRIA. COM A AJUDA DE UM FAMILIAR, ANOTE NO CADERNO: SEU NOME COMPLETO, A DATA DE SEU NASCIMENTO, SUA IDADE E O NOME DA ESCOLA EM QUE ESTUDA.

DOCUMENTOS HISTÓRICOS

AS PISTAS UTILIZADAS PELOS HISTORIADORES PARA ESTUDAR A HISTÓRIA SÃO CHAMADAS DE **DOCUMENTOS HISTÓRICOS**.

POR EXEMPLO, A CARTEIRA DE IDENTIDADE: ELA É UM DOCUMENTO NECESSÁRIO A TODAS AS PESSOAS E PODE SER FONTE DE INFORMAÇÕES UTILIZADAS PELOS HISTORIADORES.

ASSIM, A CARTEIRA DE IDENTIDADE É UM IMPORTANTE DOCUMENTO PESSOAL E TAMBÉM PODE SER UM DOCUMENTO HISTÓRICO.

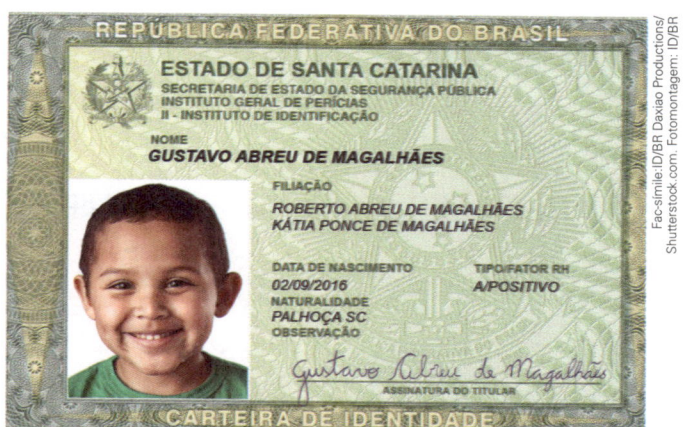

▲ REPRODUÇÃO DA FRENTE DE UMA CARTEIRA DE IDENTIDADE.

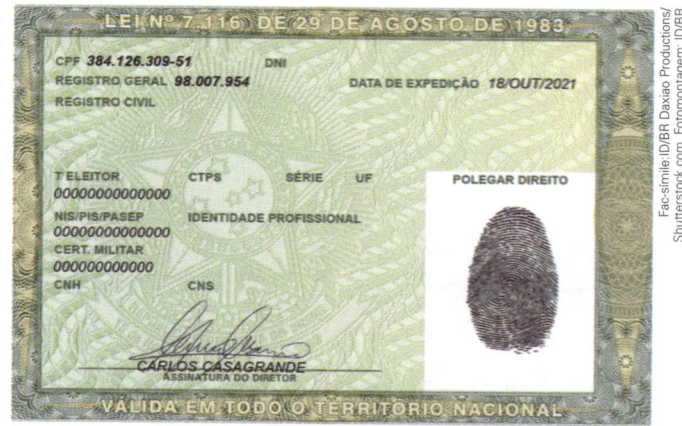

▲ REPRODUÇÃO DO VERSO DE UMA CARTEIRA DE IDENTIDADE.

1 OBSERVE O DOCUMENTO E PREENCHA A TABELA A SEGUIR COM OS DADOS DA PESSOA A QUEM ELE PERTENCE.

NOME	
DATA EM QUE NASCEU	
LOCAL ONDE NASCEU	

2 VOCÊ POSSUI UM DOCUMENTO COMO ESSE?

TIPOS DE DOCUMENTOS HISTÓRICOS

HÁ VÁRIAS FORMAS DE AGRUPAR OS DOCUMENTOS HISTÓRICOS. AQUI, VAMOS REUNI-LOS EM DOIS GRUPOS:

- **DOCUMENTOS ESCRITOS:** SÃO DOCUMENTOS COMO CARTAS, LIVROS, JORNAIS, REVISTAS, CONTRATOS, DIPLOMAS, CARTAZES, ENTRE OUTROS.

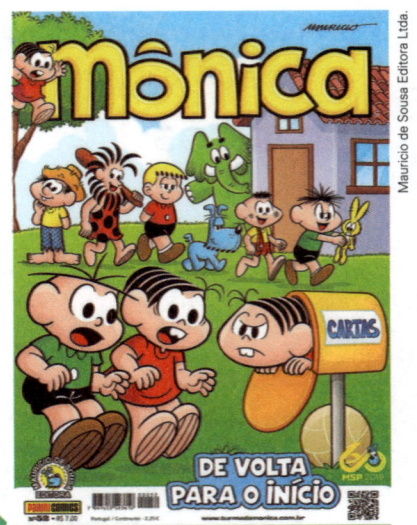

REPRODUÇÃO DA CAPA DE UM GIBI DE 2019, UM EXEMPLO DE DOCUMENTO ESCRITO.

- **DOCUMENTOS NÃO ESCRITOS:** PODEM SER FOTOGRAFIAS, PINTURAS, MAPAS, ESCULTURAS, FILMES, OBJETOS, CONSTRUÇÕES, ENTRE OUTROS. O REGISTRO ORAL, COMO ENTREVISTAS E HISTÓRIAS CONTADAS DE UMA **GERAÇÃO** PARA OUTRA, É CONSIDERADO DOCUMENTO NÃO ESCRITO.

GERAÇÃO: CONJUNTO DE PESSOAS QUE TÊM APROXIMADAMENTE A MESMA IDADE.

RUÍNAS DE IGREJA CONSTRUÍDA HÁ QUATROCENTOS ANOS EM ALCÂNTARA, MARANHÃO. FOTO DE 2019.

1 PINTE OS QUADRINHOS DE ACORDO COM A LEGENDA:

🍃 DOCUMENTOS ESCRITOS   🍂 DOCUMENTOS NÃO ESCRITOS

- ☐ CARTEIRA DE VACINAÇÃO
- ☐ FOTOGRAFIA
- ☐ BRINQUEDOS
- ☐ ESCULTURA
- ☐ CARTEIRA DE IDENTIDADE
- ☐ LIVROS

BONECAS

COM BASE EM DOCUMENTOS HISTÓRICOS, O HISTORIADOR ANALISA UM TEMA E ESCREVE SOBRE ELE. O HISTORIADOR PODE ESCREVER SOBRE A HISTÓRIA DE UMA PESSOA OU DE ALGUM ACONTECIMENTO ESTUDANDO, POR EXEMPLO, O USO DE OBJETOS, COMO OS BRINQUEDOS.

ALGUNS BRINQUEDOS EXISTEM HÁ MUITO TEMPO. UM EXEMPLO DISSO SÃO AS BONECAS. AO LONGO DA HISTÓRIA, NEM SEMPRE AS BONECAS FORAM UTILIZADAS COMO BRINQUEDOS.

1. OBSERVE AS BONECAS A SEGUIR.

A. BONECA DE PORCELANA FEITA NA DÉCADA DE 1860.

DÉCADA: PERÍODO DE DEZ ANOS.

B. BONECA DE PLÁSTICO FEITA NA DÉCADA DE 1960.

REPRESENTAÇÃO SEM PROPORÇÃO DE TAMANHO ENTRE OS ELEMENTOS.

C. BONECA DE PLÁSTICO FEITA EM 2020.

A. QUAL DAS BONECAS É A MAIS ANTIGA?

B. QUAIS FORAM OS MATERIAIS UTILIZADOS PARA A FABRICAÇÃO DESSAS BONECAS?

C. VOCÊ OU OUTRAS CRIANÇAS QUE VOCÊ CONHECE POSSUEM BONECAS COMO ESSAS? EXPLIQUE.

D. BONECAS SEMPRE FORAM USADAS PARA BRINCAR? PARA QUE OUTRAS ATIVIDADES VOCÊ ACHA QUE AS BONECAS PODEM SER UTILIZADAS?

APRENDER SEMPRE

1 AS IMAGENS MOSTRAM MOMENTOS DA HISTÓRIA DE ALGUMAS PESSOAS. OBSERVE-AS E LEIA AS LEGENDAS.

▲ **A** FAMÍLIA DURANTE CHURRASCO NO QUINTAL EM ARIQUEMES, RONDÔNIA. FOTO DE 2018.

▲ **B** ESTUDANTES E PROFESSORES PROTESTAM POR MELHORIAS NA EDUCAÇÃO PÚBLICA EM MACEIÓ, ALAGOAS. FOTO DE 2019.

▲ **C** CERTIFICADO DE CONCLUSÃO DE CURSO DE LÍNGUA BRASILEIRA DE SINAIS (LIBRAS) EMITIDO EM 2020.

▲ **D** CARTEIRA DE IDENTIDADE DO IMIGRANTE ITALIANO GIOVANNI LANDI, EMITIDA EM 1926.

- AGORA, RELACIONE CADA FOTO COM UMA DAS FRASES A SEGUIR. PARA ISSO, ESCREVA NO QUADRINHO AO LADO DA FRASE A LETRA QUE IDENTIFICA A FOTO.

☐ REGISTRO DE UM ACONTECIMENTO DA VIDA ESCOLAR DE UMA PESSOA.

☐ REGISTRO DE IDENTIDADE DE UMA PESSOA.

☐ REGISTRO DO DIA A DIA DE UMA FAMÍLIA.

☐ REGISTRO DE UM ACONTECIMENTO EM GRUPO.

2 OBSERVE A CENA A SEGUIR.

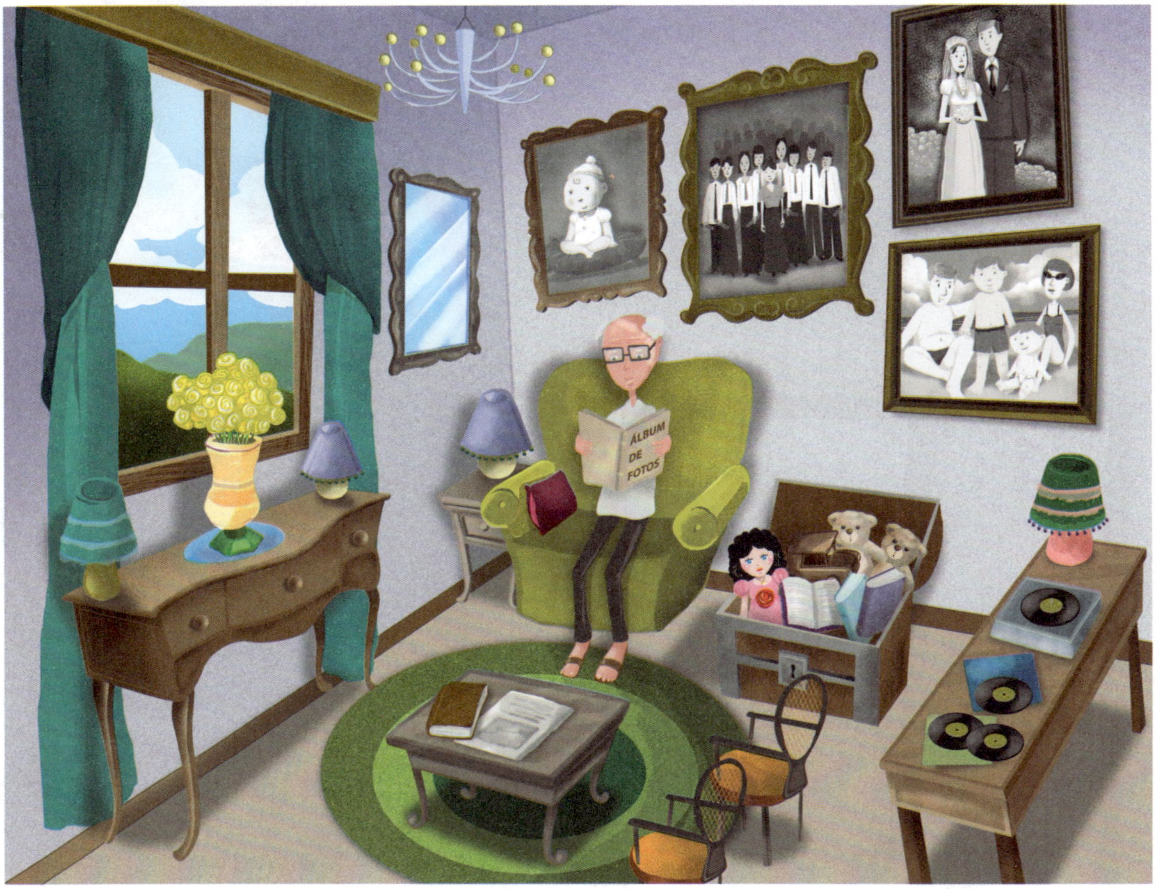

AMj Studio/ID/BR

A. CONTORNE OS OBJETOS DESSE CÔMODO QUE PODEM SER CONSIDERADOS DOCUMENTOS HISTÓRICOS NÃO ESCRITOS.

B. EM SUA OPINIÃO, ESSES OBJETOS PODERIAM AJUDAR A CONTAR A HISTÓRIA DE UMA FAMÍLIA? POR QUÊ?

C. O QUE A PERSONAGEM DA CENA ESTÁ FAZENDO? VOCÊ E SUA FAMÍLIA TÊM O COSTUME DE REALIZAR ALGUMA ATIVIDADE COMO ESSA?

3 EM SUA FAMÍLIA, QUAL É A IMPORTÂNCIA DAS PESSOAS MAIS VELHAS? CONVERSE SOBRE ISSO COM OS ADULTOS DE SUA FAMÍLIA E, EM UMA DATA COMBINADA, CONTE SUAS DESCOBERTAS PARA A TURMA.

SABER SER

CAPÍTULO 2

O TEMPO E A HISTÓRIA

NOSSA VIDA É MARCADA PELA PASSAGEM DO TEMPO. NOTAMOS ESSA PASSAGEM, POR EXEMPLO, CONTANDO AS HORAS, OS DIAS E OS ANOS.

PARA COMEÇO DE CONVERSA

1. NA CENA, AS FOTOS ILUSTRADAS MOSTRAM A FAMÍLIA DE MARIANA EM DIFERENTES ÉPOCAS. QUE MUDANÇAS VOCÊ IDENTIFICA NAS PESSOAS DESSA FAMÍLIA AO LONGO DO TEMPO?

2. QUAIS SÃO AS MANEIRAS QUE VOCÊ CONHECE DE CONTAR A PASSAGEM DO TEMPO?

3. QUAIS SÃO AS RESPONSABILIDADES QUE VOCÊ TEM HOJE E QUE NÃO TINHA QUANDO ERA BEBÊ? O QUE VOCÊ ACHA DELAS? **SABER SER**

◀ ILUSTRAÇÃO QUE MOSTRA ALGUNS REGISTROS DA FAMÍLIA DE MARIANA.

JEITOS DE MEDIR O TEMPO

EM 1864, JÚLIO VERNE PUBLICOU O LIVRO *VIAGEM AO CENTRO DA TERRA*, NO QUAL NARRA A AVENTURA DO GAROTO AXEL E DE SEU TIO, OTTO.

LEIA, COM A TURMA, UM TRECHO DESSA OBRA.

O DIA DA PARTIDA CHEGOU. [...]
NO DIA 2, ÀS SEIS HORAS DA MANHÃ, NOSSAS PRECIOSAS BAGAGENS ESTAVAM A BORDO [...]. O CAPITÃO NOS CONDUZIU ÀS CABINES BASTANTE ESTREITAS, DISPOSTAS SOB UMA ESPÉCIE DE CAMAROTE.

[...]

– QUAL SERÁ A DURAÇÃO DA TRAVESSIA? – PERGUNTOU MEU TIO AO CAPITÃO.
– UNS DEZ DIAS – RESPONDEU O COMANDANTE [...].

JÚLIO VERNE. *VIAGEM AO CENTRO DA TERRA*. SÃO PAULO: LAROUSSE DO BRASIL, 2005. P. 23.

1 EM QUE DIA E HORÁRIO SE INICIOU A VIAGEM DE AXEL E OTTO? QUANTO TEMPO DURARIA ESSA PARTE DA VIAGEM?

2 QUE MEIO DE TRANSPORTE ELES USARAM?

3 VOCÊ JÁ FEZ UMA VIAGEM LONGA? AONDE VOCÊ FOI? QUANTO TEMPO DUROU A VIAGEM ATÉ LÁ? QUANTO TEMPO VOCÊ FICOU NESSE LUGAR?

INSTRUMENTOS PARA MEDIR O TEMPO

PARA MARCAR AS HORAS OU SABER QUANTO TEMPO FALTA PARA TERMINAR A AULA, USAMOS O RELÓGIO. MAS, ANTES DA INVENÇÃO DO RELÓGIO, COMO ERA POSSÍVEL ACOMPANHAR A PASSAGEM DO TEMPO?

OBSERVANDO A NATUREZA, AS PESSOAS ENCONTRARAM MANEIRAS DE MARCAR A PASSAGEM DO TEMPO. ELAS COMEÇARAM A OBSERVAR A POSIÇÃO DO SOL, AS APARÊNCIAS DA LUA, A MUDANÇA DA PAISAGEM EM ÉPOCAS DE CALOR OU FRIO, ETC.

DEPOIS, DIVERSOS POVOS INVENTARAM INSTRUMENTOS PARA MEDIR A PASSAGEM DO TEMPO. VEJA ALGUNS DELES.

▲ **AMPULHETA**. MEDE CURTOS PERÍODOS DE TEMPO, INDICADOS PELA PASSAGEM DA AREIA DE UM LADO AO OUTRO DO RECIPIENTE.

▲ **RELÓGIO DE SOL.** A LUZ DO SOL BATE NA HASTE E PROJETA UMA SOMBRA QUE INDICA A HORA DO DIA. O RELÓGIO DA FOTO SE ENCONTRA NO JARDIM BOTÂNICO DE BRASÍLIA, DISTRITO FEDERAL. FOTO DE 2019.

4 EM UM DIA NUBLADO, É POSSÍVEL SABER AS HORAS UTILIZANDO UM RELÓGIO DE SOL? POR QUÊ?

5 COMO VOCÊ MARCARIA O TEMPO SEM USAR O RELÓGIO?

CALENDÁRIOS

OS CALENDÁRIOS FORAM INVENTADOS PARA MARCAR A PASSAGEM DO TEMPO. DIVERSOS POVOS CRIARAM CALENDÁRIOS OBSERVANDO A NATUREZA E ACONTECIMENTOS CONSIDERADOS IMPORTANTES.

VEJA A FOLHINHA COM O **CALENDÁRIO CRISTÃO** DO ANO DE 2023. ELE SE BASEIA NAS OBSERVAÇÕES DO SOL E DA LUA. O ANO 1 É O QUE MARCA O NASCIMENTO DE JESUS CRISTO.

2023

JANEIRO
1 CONFRATERNIZAÇÃO UNIVERSAL

FEVEREIRO

MARÇO

ABRIL
7 SEXTA-FEIRA SANTA
21 TIRADENTES

MAIO
1 DIA DO TRABALHADOR

JUNHO
8 CORPUS CHRISTI

JULHO

AGOSTO

SETEMBRO
7 INDEPENDÊNCIA DO BRASIL

OUTUBRO
12 DIA DE NOSSA SENHORA APARECIDA

NOVEMBRO
2 DIA DE FINADOS
15 PROCLAMAÇÃO DA REPÚBLICA

DEZEMBRO
25 NATAL

FONTES DE PESQUISA: CONSTITUIÇÃO DA REPÚBLICA FEDERATIVA DO BRASIL DE 1988. LEIS N. 9 093 E N. 8 087. DISPONÍVEIS EM: http://www.planalto.gov.br/ccivil_03/leis/l0662.htm E http://www.planalto.gov.br/ccivil_03/leis/L9093.htm. ACESSOS EM: 11 MAR. 2021.

6 PINTE AS SEGUINTES DATAS NO CALENDÁRIO, DE ACORDO COM AS CORES INDICADAS:

 HOJE   MEU ANIVERSÁRIO

CONHECENDO O CALENDÁRIO CRISTÃO

O CALENDÁRIO CRISTÃO É UM DOS MAIS UTILIZADOS NO MUNDO. ELE ESTÁ ORGANIZADO EM DIAS, SEMANAS E MESES.

NOS CALENDÁRIOS SÃO INDICADOS OS **FERIADOS** E OS DIAS DA SEMANA.

> **FERIADO:** DIA EM QUE ATIVIDADES COTIDIANAS, COMO TRABALHO E ESTUDO, SÃO INTERROMPIDAS PARA QUE UMA DATA SEJA CELEBRADA.

7. AS LETRAS **D**, **S**, **T**, **Q**, **Q**, **S** E **S** SE REFEREM AOS DIAS DA SEMANA. ESCREVA OS NOMES DELES NO CADERNO.

8. ESSE CALENDÁRIO MOSTRA OS FERIADOS NACIONAIS, ISTO É, COMEMORADOS NO BRASIL INTEIRO. COMO ELES ESTÃO IDENTIFICADOS NO CALENDÁRIO?

9. ALÉM DOS FERIADOS NACIONAIS, HÁ FERIADOS QUE OCORREM APENAS EM ALGUNS LOCAIS.

   A. COM A AJUDA DO ADULTO QUE CUIDA DE VOCÊ, PESQUISE SE HÁ FERIADOS QUE SÃO CELEBRADOS SOMENTE NO ESTADO E NO MUNICÍPIO ONDE VOCÊS MORAM.

   B. PINTE DE **AMARELO** AS DATAS DESSES FERIADOS LOCAIS NO CALENDÁRIO DE 2023.

   C. ANOTE A SEGUIR A DATA E O NOME DESSES FERIADOS.

_____
_____
_____
_____

   D. ESSES FERIADOS COSTUMAM SER COMEMORADOS? HÁ FESTIVIDADES NESSAS DATAS? COMO ELAS SÃO? VOCÊ COSTUMA PARTICIPAR DELAS?

TEMPO E HISTÓRIA

PODEMOS PERCEBER A PASSAGEM DO TEMPO TAMBÉM PELOS FATOS E PELAS MUDANÇAS QUE ACONTECEM EM NOSSA VIDA. OBSERVE AS FOTOS DE RAONI.

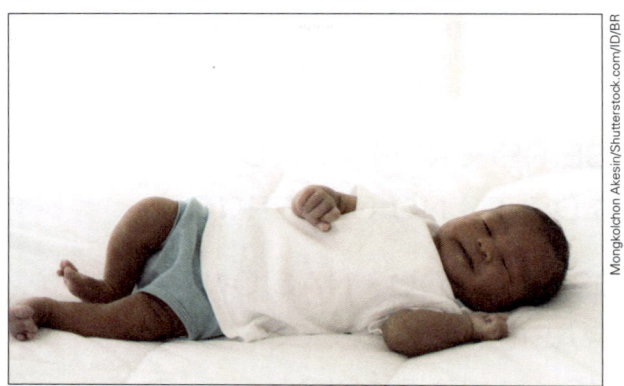

▲ AOS SEIS MESES DE VIDA, RAONI SORRIA COM FREQUÊNCIA.

QUANDO COMPLETOU 1 ANO, RAONI COMEÇOU A ANDAR.

▲ AOS 4 ANOS, RAONI FOI À PRAIA COM SEUS PAIS E FEZ VÁRIOS CASTELOS DE AREIA.

▲ AGORA, COM SETE ANOS, RAONI ADORA INVENTAR HISTÓRIAS E ESCREVÊ-LAS PARA OS COLEGAS.

1 QUAIS EXPERIÊNCIAS DE RAONI FORAM REGISTRADAS NAS IMAGENS? VOCÊ JÁ PASSOU POR EXPERIÊNCIAS PARECIDAS COM ESSAS? QUAIS?

2 PERÍODOS DETERMINADOS TAMBÉM SERVEM PARA MARCAR O TEMPO. LIGUE CADA PERÍODO À DURAÇÃO CORRETA.

MÊS	10 ANOS
DÉCADA	100 ANOS
SÉCULO	28 A 31 DIAS

LINHA DO TEMPO

A **LINHA DO TEMPO** É UMA MANEIRA DE ORGANIZAR OS ACONTECIMENTOS EM SEQUÊNCIA DE DATAS.

ESSES ACONTECIMENTOS PODEM AJUDAR A CONTAR A HISTÓRIA DE UMA PESSOA OU DE UM GRUPO DE PESSOAS.

VEJA A LINHA DO TEMPO DA VIDA DE RAONI.

3 AGORA, VOCÊ VAI FAZER A LINHA DO TEMPO DA SUA VIDA.

- CONVERSE COM OS ADULTOS QUE VIVEM COM VOCÊ SOBRE ACONTECIMENTOS IMPORTANTES DA SUA VIDA. ANOTE NO CADERNO ATÉ OITO ACONTECIMENTOS. LEMBRE-SE DE ANOTAR O ANO EM QUE CADA UM OCORREU.

- COM A AJUDA DOS ADULTOS, PREENCHA A LINHA DO TEMPO QUE ESTÁ NA PÁGINA 145. DESTAQUE ESSE MATERIAL E DEPOIS ANOTE SEU NOME NO TOPO DELE.

- NOS QUADRINHOS DA PARTE SUPERIOR DA LINHA, ANOTE OS NÚMEROS DOS ANOS.

- NOS QUADROS DA PARTE INFERIOR DA LINHA, VOCÊ VAI ESCREVER OS ACONTECIMENTOS, PASSANDO A LIMPO AS ANOTAÇÕES DO CADERNO.

- EM UMA DATA COMBINADA, AFIXE SUA LINHA DO TEMPO NO MURAL DA SALA DE AULA.

VAMOS LER IMAGENS!

ILUSTRAÇÕES DE UM CALENDÁRIO INDÍGENA

AS LEGENDAS SÃO TEXTOS QUE APARECEM PRÓXIMOS DAS IMAGENS E TRAZEM IMPORTANTES INFORMAÇÕES SOBRE ELAS.

CALENDÁRIO INDÍGENA

CALENDÁRIO DO POVO KISÊDJÊ, FEITO PELO PROFESSOR THIAYU SUYÁ, UM INDÍGENA QUE FAZ PARTE DESSE POVO. A IMAGEM FOI PUBLICADA EM 1988. ▶

Loike Kalapalo/Instituto Socioambiental. Fac-símile: ID/BR

PELA LEITURA DAS LEGENDAS DA IMAGEM, É POSSÍVEL DESCOBRIR QUE ELA É UM CALENDÁRIO DO POVO KISÊDJÊ. ESSE CALENDÁRIO FOI PUBLICADO EM 1988.

O POVO KISÊDJÊ É UMA DAS COMUNIDADES QUE VIVEM NO PARQUE INDÍGENA DO XINGU, NO MATO GROSSO.

NOTE QUE, NAS ILUSTRAÇÕES DOS MESES FEITAS PELO PROFESSOR THIAYU, HÁ PEQUENAS LEGENDAS. ELAS PODEM AJUDAR VOCÊ A COMPREENDER MELHOR AS ATIVIDADES QUE FORAM ILUSTRADAS NO CALENDÁRIO.

AGORA É A SUA VEZ

1 EM VOZ ALTA E COM A AJUDA DO PROFESSOR, LEIAM AS LEGENDAS QUE FAZEM PARTE DO CALENDÁRIO E OBSERVEM AS ILUSTRAÇÕES. DEPOIS, COMPLETEM A TABELA A SEGUIR COM OS NOMES DOS MESES CORRESPONDENTES ÀS ATIVIDADES.

COLHEITA DE MILHO	
PLANTIO DE MANDIOCA	
COLHEITA DE ABACAXI	
COLETA DOS OVOS DE TRACAJÁ, UMA ESPÉCIE DE TARTARUGA	
COLHEITA DE MELANCIA	
PESCA INTENSA	
COLHEITA DE PEQUI	

2 COM BASE NAS ILUSTRAÇÕES FEITAS PELO PROFESSOR THIAYU, RESPONDA: QUAIS ELEMENTOS DA NATUREZA O POVO KISÊDJÊ PODE TER OBSERVADO, AO LONGO DO TEMPO, PARA CRIAR SEU CALENDÁRIO? LEVANTE HIPÓTESES.

3 VOCÊ RECONHECE TODOS OS ALIMENTOS QUE FORAM REPRESENTADOS NO CALENDÁRIO? VOCÊ JÁ EXPERIMENTOU ALGUM DELES?

- EM CASO AFIRMATIVO, CONTE SUA EXPERIÊNCIA AOS COLEGAS. EM CASO NEGATIVO, RESPONDA: VOCÊ GOSTARIA DE PROVAR ALGUM DELES? QUAL?

APRENDER SEMPRE

1 QUE FERRAMENTAS DE MEDIÇÃO DE TEMPO VOCÊ COSTUMA UTILIZAR EM SUA CASA? E NA ESCOLA?

_____

_____

_____

2 ESCOLHA UM LÁPIS DE COR E PINTE A SEGUIR APENAS OS QUADROS COM NOMES DE PERÍODOS DE TEMPO.

| HORA | DIA | CAMA | MÊS | ANO |

| SAPATO | DÉCADA | BICICLETA | SÉCULO | ÁGUA |

3 QUANDO MARCAMOS UM COMPROMISSO COM ALGUÉM, É COMUM COMBINARMOS TAMBÉM UM HORÁRIO. VOCÊ COSTUMA CUMPRIR OS HORÁRIOS COMBINADOS? É PONTUAL OU DEIXA AS PESSOAS ESPERANDO?

SABER SER

4 PODEMOS PERCEBER A PASSAGEM DO TEMPO OBSERVANDO AS MUDANÇAS EM NOSSO CORPO. OBSERVE AS DUAS FOTOS DE CECÍLIA E CONTORNE AS MUDANÇAS QUE MAIS CHAMARAM SUA ATENÇÃO.

- EM SUA OPINIÃO, POR QUE ESSAS MUDANÇAS OCORREM?

▲ FOTOS DE CECÍLIA TIRADAS EM ANOS DIFERENTES. ▶

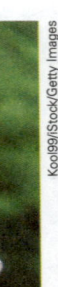

5. MUITAS COISAS ACONTECEM AO MESMO TEMPO. ENQUANTO VOCÊ ESTÁ NA SALA DE AULA, O QUE ESTÃO FAZENDO:

   A. OS FUNCIONÁRIOS DA ESCOLA?

   B. OS ADULTOS QUE MORAM COM VOCÊ?

6. OBSERVE O CALENDÁRIO DE ATIVIDADES DA COMUNIDADE DE PESCADORES DA VILA DE REMANSO, EM LENÇÓIS, NA BAHIA.

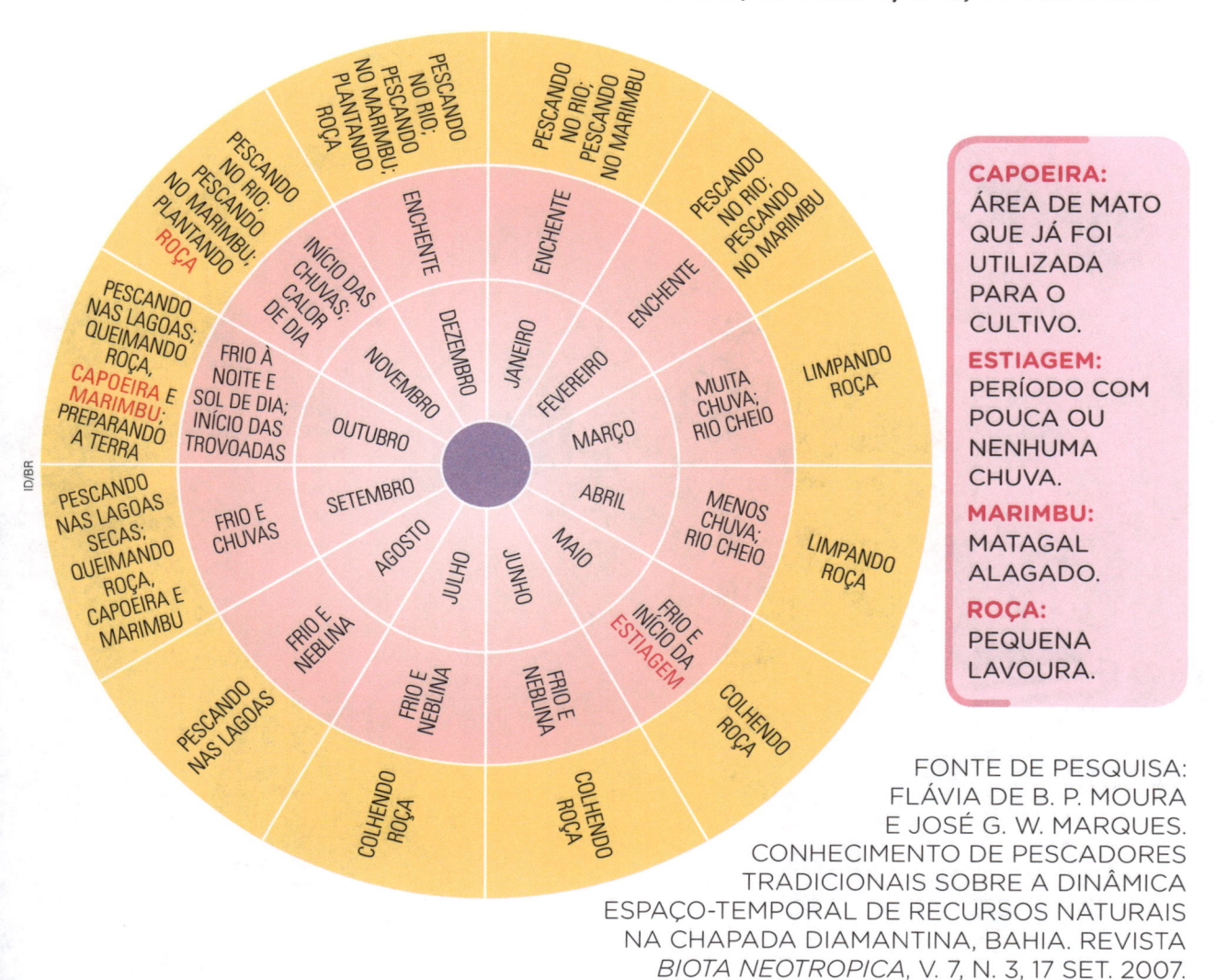

CAPOEIRA: ÁREA DE MATO QUE JÁ FOI UTILIZADA PARA O CULTIVO.

ESTIAGEM: PERÍODO COM POUCA OU NENHUMA CHUVA.

MARIMBU: MATAGAL ALAGADO.

ROÇA: PEQUENA LAVOURA.

FONTE DE PESQUISA: FLÁVIA DE B. P. MOURA E JOSÉ G. W. MARQUES. CONHECIMENTO DE PESCADORES TRADICIONAIS SOBRE A DINÂMICA ESPAÇO-TEMPORAL DE RECURSOS NATURAIS NA CHAPADA DIAMANTINA, BAHIA. REVISTA *BIOTA NEOTROPICA*, V. 7, N. 3, 17 SET. 2007.

   A. ESSE CALENDÁRIO INDICA ATIVIDADES SEMANAIS OU ANUAIS? EXPLIQUE.

   B. SE VOCÊ TIVESSE DE ELABORAR UM CALENDÁRIO COM AS ATIVIDADES ANUAIS DA SUA COMUNIDADE, QUE ATIVIDADES VOCÊ INDICARIA PARA CADA MÊS?

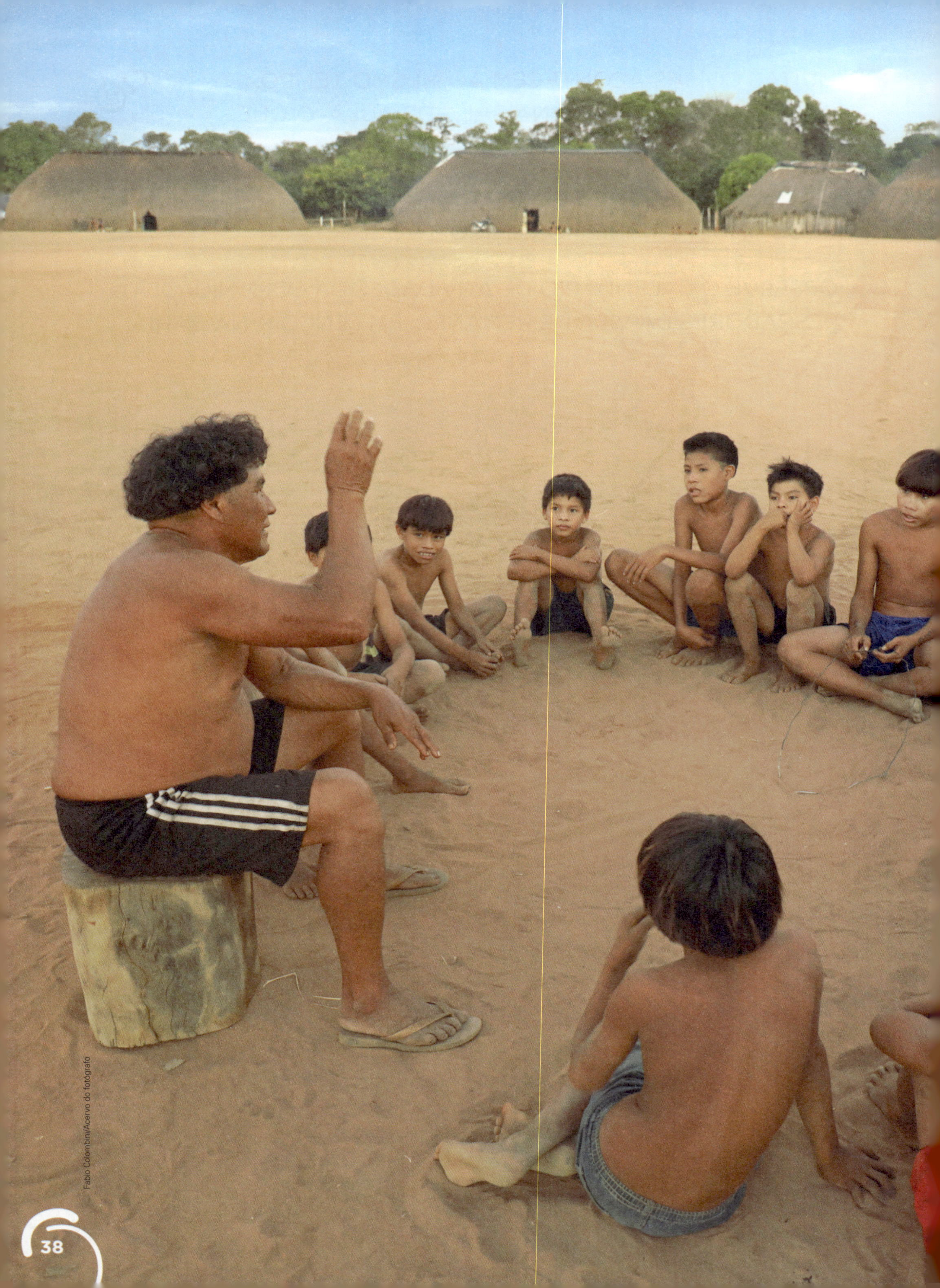
Fabio Colombini/Acervo do fotógrafo

CAPÍTULO 3

TODOS TEMOS HISTÓRIA

Provavelmente, você não se lembra de tudo o que aconteceu desde seu nascimento até agora. Para conhecer sua história, é necessário buscar pistas do passado!

PARA COMEÇO DE CONVERSA

1. Que situação é retratada na foto?

2. Você já descobriu alguma história do passado da sua família em uma situação como essa? Como foi?

3. De que outras maneiras você já descobriu coisas sobre o passado?

4. Para você, qual é a importância das pessoas idosas em uma família?

SABER SER

◀ Indígenas do povo Kalapalo na aldeia Aiha, Parque Indígena do Xingu, no Mato Grosso. Foto de 2018.

LEMBRANÇAS

O ESCRITOR FERNANDO SABINO COMPARTILHOU NO LIVRO O MENINO NO ESPELHO, PUBLICADO PELA PRIMEIRA VEZ EM 1982, ALGUMAS AVENTURAS DE QUANDO ELE ERA CRIANÇA. CONHEÇA UMA DELAS LENDO O TRECHO A SEGUIR.

QUANDO CHOVIA, NO MEU TEMPO DE MENINO, A CASA VIRAVA UM FESTIVAL DE GOTEIRAS. ERAM PINGOS DO TETO ENSOPANDO [...] AS SALAS E QUARTOS. SEGUIA-SE UM CORRE-CORRE [...], TODO MUNDO LEVANDO E TRAZENDO BALDES, BACIAS, PANELAS, PENICOS E O QUE MAIS HOUVESSE PARA APARAR A ÁGUA QUE CAÍA [...]. OS MAIS VELHOS FICAVAM ABORRECIDOS, EU NÃO ENTENDIA A RAZÃO [...] E ME DIVERTIA A VALER QUANDO UMA NOVA GOTEIRA APARECIA [...].

FERNANDO SABINO.
O MENINO NO ESPELHO.
64. ED. RIO DE JANEIRO:
RECORD, 2003. P. 9.

1. EM SUA OPINIÃO, LEMBRANÇAS COMO ESSA AJUDAM A CONTAR A HISTÓRIA DE ALGUÉM? POR QUÊ?

2. ASSIM COMO FERNANDO SABINO, VOCÊ TEM ALGUMA LEMBRANÇA, VIVIDA COM SUA FAMÍLIA OU COM AMIGOS, DE ALGO QUE ACONTECEU E DEIXOU VOCÊ FELIZ? DO QUÊ?

VOCÊ TEM HISTÓRIA

AS LEMBRANÇAS SÃO RECORDAÇÕES DE EVENTOS QUE VOCÊ VIVENCIOU E FAZEM PARTE DA SUA HISTÓRIA.

ELA TAMBÉM PODE SER CONTADA POR MEIO DE DOCUMENTOS HISTÓRICOS, COMO FOTOS, VÍDEOS, ROUPAS, BRINQUEDOS, ENTRE OUTROS.

HÁ AINDA OS **DOCUMENTOS OFICIAIS**, COMO A CARTEIRA DE IDENTIDADE, QUE VOCÊ JÁ CONHECE, E A CERTIDÃO DE NASCIMENTO.

> **DOCUMENTO OFICIAL:** DOCUMENTO EMITIDO POR ÓRGÃOS COMO A SECRETARIA DE SEGURANÇA PÚBLICA, OS CARTÓRIOS DE REGISTROS, ETC.

REPRODUÇÃO DA FRENTE DE UMA CERTIDÃO DE NASCIMENTO. ▶

1 OS NOMES DE QUAIS PARENTES APARECEM NA CERTIDÃO DE NASCIMENTO? MARQUE COM UM **X**.

☐ TIOS   ☐ PAIS   ☐ AVÓS   ☐ PRIMOS

2 QUE OUTROS DOCUMENTOS OFICIAIS PODEM AJUDAR A CONTAR SUA HISTÓRIA?

OBJETOS PESSOAIS

OS OBJETOS QUE VOCÊ USA NO DIA A DIA TAMBÉM AJUDAM A CONTAR A HISTÓRIA.

A FORMA COMO ELES SÃO UTILIZADOS, OS MATERIAIS USADOS PARA FAZÊ-LOS E O MODO COMO SÃO FEITOS PODEM MUDAR COM O PASSAR DO TEMPO.

REPRESENTAÇÃO SEM PROPORÇÃO DE TAMANHO ENTRE OS ELEMENTOS.

◄ ESTA MOEDA DE PRATA FOI ENCONTRADA EM ESCAVAÇÕES REALIZADAS NO MUNICÍPIO DO RIO DE JANEIRO EM 2013. ELA FOI FEITA HÁ QUASE 150 ANOS.

ESTA GARRAFA DE ÁGUA FOI TRAZIDA AO BRASIL POR VOLTA DE 1860. ELA É FEITA DE UM TIPO DE CERÂMICA MUITO RESISTENTE. ELA TAMBÉM FOI ENCONTRADA POR PESQUISADORES NO MUNICÍPIO DO RIO DE JANEIRO, EM 2013. ▶

◄ ESTA ESCOVA DE DENTES ERA USADA HÁ MAIS DE CENTO E CINQUENTA ANOS NO BRASIL. ELA FOI ENCONTRADA POR PESQUISADORES EM 2013, NO MUNICÍPIO DO RIO DE JANEIRO. OS BURACOS NA PARTE DE CIMA SÃO OS LOCAIS ONDE FICAVAM AS CERDAS, QUE ERAM FEITAS DE PELO DE PORCO.

COM A ESCOVA, FOI ENCONTRADA ESTA CAIXA PARA PASTA DE DENTE. A CAIXA É DE LOUÇA, E A PASTA ERA BEM DIFERENTE DO CREME DENTAL QUE CONHECEMOS HOJE. MAS OS SABORES NÃO DIFERIAM MUITO: CEREJA E HORTELÃ-PIMENTA. ▶

3 COMO ESSES OBJETOS SÃO ATUALMENTE?

4 VOCÊ E SUA FAMÍLIA COSTUMAM USAR OBJETOS COMO ESSES? EM QUE SITUAÇÕES?

OBJETOS DO PASSADO

HÁ OBJETOS QUE, NO PASSADO, ERAM MUITO UTILIZADOS. PORÉM, COM O O TEMPO, O USO DELES FOI DIMINUINDO. ALGUNS ATÉ DEIXARAM DE SER PRODUZIDOS. OBSERVE AS FOTOS DESTA PÁGINA E TENTE LER AS LEGENDAS.

REPRESENTAÇÃO SEM PROPORÇÃO DE TAMANHO ENTRE OS ELEMENTOS.

A MÁQUINA DE ESCREVER FOI UM OBJETO BASTANTE UTILIZADO ATÉ A DÉCADA DE 1980.

O APARELHO DE FAX É UM TIPO DE TELEFONE QUE TRANSMITE E IMPRIME MENSAGENS ESCRITAS. ELE FOI MUITO POPULAR ATÉ A DÉCADA DE 1990.

COM A INTERNET, ATUALMENTE, A ESCRITA, O ENVIO DE MENSAGENS E AS CHAMADAS DE ÁUDIO OU DE VÍDEO SÃO REALIZADOS, CADA VEZ MAIS, POR MEIO DE APARELHOS COMO COMPUTADORES, *SMARTPHONES* E *TABLETS*.

5 HÁ ALGUM DESSES OBJETOS EM SUA CASA? COMO ELES SÃO UTILIZADOS? COM A AJUDA DOS FAMILIARES, ANOTE SUAS RESPOSTAS NO CADERNO.

6 PERGUNTE A UMA PESSOA MAIS VELHA DE SUA FAMÍLIA SE HÁ ALGUM OBJETO QUE ERA UTILIZADO QUANDO ELA ERA CRIANÇA E QUE, ATUALMENTE, NÃO SE USA MAIS. CONTE SUAS DESCOBERTAS PARA OS COLEGAS.

PARA EXPLORAR

CONHECENDO MUSEUS – EPISÓDIO: MUSEU DE HÁBITOS E COSTUMES
DISPONÍVEL EM: https://tvbrasil.ebc.com.br/conhecendo-museus/2020/06/museu-dos-habitos-e-costumes. ACESSO EM: 12 MAR. 2021.
NESSE VÍDEO, VOCÊ VAI FAZER UMA VIAGEM NO TEMPO E CONHECER VÁRIOS OBJETOS QUE FAZIAM PARTE DO DIA A DIA DAS PESSOAS QUE VIVIAM EM BLUMENAU, SANTA CARATINA.

OS COSTUMES

AQUILO QUE FAZEMOS TODOS OS DIAS, ISTO É, NOSSA ROTINA, E O MODO COMO REALIZAMOS CADA ATIVIDADE DO DIA A DIA PODEM SER CHAMADOS DE **COSTUME** OU DE **HÁBITO**. CADA POVO, EM CADA ÉPOCA, TEM COSTUMES PRÓPRIOS.

IR À ESCOLA, POR EXEMPLO, HOJE É UM DIREITO DE TODAS AS CRIANÇAS BRASILEIRAS. PORÉM, NO PASSADO, LER E ESCREVER FAZIAM PARTE DA ROTINA APENAS DAS FAMÍLIAS RICAS.

CRIANÇAS DURANTE AULA SOBRE HIGIENE BUCAL EM ESCOLA PÚBLICA DE ITAPARICA, NA BAHIA. FOTO DE 2019.

AS BRINCADEIRAS TAMBÉM SÃO COSTUMES DE UM POVO.

AS BRINCADEIRAS COM PETECA SÃO COMUNS EM VÁRIAS COMUNIDADES. NA FOTO, INDÍGENAS GUARANI SE DIVERTEM EM BERTIOGA, SÃO PAULO, EM 2021.

O MODO COMO UM POVO REALIZA UMA ATIVIDADE TAMBÉM É UM COSTUME.

ENTRE O POVO INDÍGENA JUPAÚ, AS MULHERES SÃO RESPONSÁVEIS POR PENEIRAR A MASSA DE MANDIOCA USADA PARA FAZER FARINHA. NA FOTO, MULHER JUPAÚ EM JARU, RONDÔNIA, EM 2020.

1 HÁ COSTUMES RETRATADOS NAS FOTOS QUE VOCÊ TAMBÉM TEM? SE SIM, QUAIS?

REGISTROS

RELATOS ORAIS

AO CONTAR OS ACONTECIMENTOS E AS EXPERIÊNCIAS PELOS QUAIS PASSOU, VOCÊ ESTÁ FAZENDO UM RELATO ORAL. ISSO TAMBÉM É UM DOCUMENTO HISTÓRICO.

O TEXTO A SEGUIR É UM REGISTRO DO RELATO DE BENEDITO AUGUSTO DA GAMA, DO ESTADO DO PARÁ, REALIZADO EM 2013. NA ÉPOCA, ELE TINHA 92 ANOS DE IDADE.

> NASCI NA CIDADE DE OLHO D'ÁGUA, QUE CHAMA-SE MONTE DOURADO AGORA [...], NO DIA 3 DE SETEMBRO DE 1921. [...]
>
> NAQUELE TEMPO O CAMARADA [...] NÃO COMPRAVA ARROZ [...], ELE NÃO COMPRAVA FEIJÃO PORQUE TUDO ELE PLANTAVA. TUDO A GENTE PLANTAVA E TINHA OS LEGUMES PARA COMER [...]. A ROUPA VINHA PARA OS COMÉRCIOS [...]. HOJE A ROUPA JÁ VEM TUDO PRONTA DA FÁBRICA, NAQUELE TEMPO TUDO ERA EM **PEÇA**.
>
> RELATO DE BENEDITO AUGUSTO DA GAMA. MUSEU DA PESSOA, 12 NOV. 2013. DISPONÍVEL EM: https://acervo.museudapessoa.org/pt/conteudo/historia/historias-do-inicio-do-jari-3002. ACESSO EM: 12 MAR. 2021.

PEÇA: NO TEXTO, REFERE-SE AO TECIDO INTEIRO, ANTES DE SER TRANSFORMADO EM ROUPAS.

1 AO LONGO DO TEMPO, O LUGAR ONDE O SENHOR BENEDITO NASCEU JÁ TEVE QUAIS NOMES?

2 O MODO COMO AS PESSOAS DESSE LUGAR CONSEGUIAM ALIMENTOS, NAQUELA ÉPOCA, É IGUAL AO DO LUGAR ONDE VOCÊ MORA? COMPARE-OS.

3 AS ROUPAS ERAM COMPRADAS DO MESMO MODO QUE HOJE? EXPLIQUE.

PESSOAS E LUGARES

AS CARETAS DO MINGAU DE SAUBARA

AS FESTAS TAMBÉM AJUDAM A CONTAR A HISTÓRIA DAS PESSOAS. UM EXEMPLO DISSO É O CORTEJO DAS CARETAS DO MINGAU. ESSA É UMA FESTA POPULAR QUE OCORRE HÁ MAIS DE UM SÉCULO NO MUNICÍPIO DE SAUBARA, NA BAHIA.

TODOS OS ANOS, DURANTE A MADRUGADA DE 2 DE JULHO, AS MULHERES DE SAUBARA SAEM PELAS RUAS CARACTERIZADAS COMO FANTASMAS E CARREGANDO PANELAS COM MINGAU.

A FESTA É UMA HOMENAGEM À PARTICIPAÇÃO DAS MULHERES NAS BATALHAS CONTRA OS PORTUGUESES OCORRIDAS ENTRE 1822 E 1823. NA ÉPOCA, ELAS SE FANTASIARAM DE FANTASMAS PARA ASSUSTAR AS TROPAS PORTUGUESAS E LEVAR MANTIMENTOS E MUNIÇÃO, ESCONDIDOS EM GRANDES PANELAS DE MINGAU, AOS SOLDADOS BAIANOS.

COM ESSE CORTEJO, AS MULHERES MAIS VELHAS DE SAUBARA ENSINAM ESSA HISTÓRIA ÀS NOVAS GERAÇÕES.

CONCENTRAÇÃO DO CORTEJO DAS CARETAS DO MINGAU EM SAUBARA, BAHIA. FOTO DE 2018. O CORTEJO SAI PELAS RUAS A PARTIR DAS 3 HORAS DA MANHÃ.

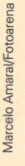

▲ AS CARETAS DO MINGAU SÃO ACOMPANHADAS PELA COMUNIDADE DE SAUBARA, QUE CANTA E TOCA INSTRUMENTOS MUSICAIS. FOTO DE 2018.

1. QUAL É A IMPORTÂNCIA DO CORTEJO DAS CARETAS DO MINGAU PARA A PRESERVAÇÃO DA HISTÓRIA DE SAUBARA?

2. NO MUNICÍPIO ONDE VOCÊ MORA, HÁ CORTEJOS OU OUTROS FESTEJOS DE RUA? O QUE ELES COMEMORAM? QUE HISTÓRIA ELES CONTAM?

3. QUE CARETA VOCÊ FARIA PARA ASSUSTAR AS TROPAS PORTUGUESAS? COM A AJUDA DO ADULTO QUE CUIDA DE VOCÊ, DESTAQUE A MÁSCARA DA PÁGINA 147 E DESENHE NELA A SUA CARETA. AMARRE UM CORDÃO NOS LOCAIS INDICADOS, PARA PRENDER A MÁSCARA AO ROSTO, E PRONTO! EM UMA DATA COMBINADA, MOSTRE SUA CARETA DO MINGAU PARA OS COLEGAS.

APRENDER SEMPRE

1 PEÇA A UM ADULTO DE SUA FAMÍLIA QUE MOSTRE A VOCÊ SUA CERTIDÃO DE NASCIMENTO. COM CUIDADO, ENCONTRE AS SEGUINTES INFORMAÇÕES NO DOCUMENTO E ANOTE-AS:

A. SEU NOME COMPLETO.

_____

B. LOCAL E HORÁRIO EM QUE VOCÊ NASCEU.

_____

C. LOCAL E DIA EM QUE O REGISTRO DA CERTIDÃO FOI FEITO.

_____

2 HÁ ALGUM COSTUME QUE VOCÊ E AS PESSOAS COM QUEM MORA REALIZAM TODOS OS DIAS? SE SIM, QUE COSTUME É ESSE? CONTE AOS COLEGAS E OUÇA OS RELATOS SOBRE OS COSTUMES DELES.

3 LIGUE OS OBJETOS DO PASSADO À VERSÃO ATUAL DE CADA UM DELES.

REPRESENTAÇÃO SEM PROPORÇÃO DE TAMANHO ENTRE OS ELEMENTOS.

48 QUARENTA E OITO

4. A TIRA A SEGUIR É SOBRE O COSTUME DE COMER ARROZ E FEIJÃO.

> O CORRETO É PÔR O FEIJÃO POR BAIXO DO ARROZ, SABIA?

WILLIAN LEITE. *ANÉSIA*, N. 249, 9 NOV. 2015 (ADAPTADA). DISPONÍVEL EM: http://www.willtirando.com.br/anesia-249/. ACESSO EM: 12 MAR. 2021.

A. VOCÊS COSTUMAM COMER ESSES ALIMENTOS? COMO?

B. IMAGINEM QUE VOCÊS VÃO RESPONDER AO COMENTÁRIO DA MULHER, EXPLICANDO A ELA QUE NÃO EXISTE COSTUME CERTO OU COSTUME ERRADO. COMO VOCÊS DARIAM ESSA EXPLICAÇÃO?

5. ACOMPANHE A LEITURA DO RELATO A SEGUIR.

> [...] NÓS BRINCÁVAMOS NESSA RUA. AS PESSOAS CONVERSAVAM NAS CALÇADAS. O NOSSO CARRO ERA FEITO DE LATA DE DOCE, CARREGÁVAMOS COM CAIXAS DE FÓSFORO, DE SABUGO, CASTANHA. NÓS VIVENCIÁVAMOS UMA ÉPOCA MARAVILHOSA [...]. PRA MIM FOI A MELHOR ÉPOCA DA MINHA VIDA!
>
> RELATO DE JOSÉ S. DA C. BARBOSA. EM: APARECIDA BARBOSA DA SILVA. TECENDO MEMÓRIAS: RELATOS SOBRE AS REFORMAS DOS ESPAÇOS NA CIDADE DE AROEIRAS-PB (1970-1990), 2014. DISPONÍVEL EM: https://www.encontro2014.historiaoral.org.br/resources/anais/8/1397667478_ARQUIVO_ARTIGOXIIENCONTRODEHISTORIAORALEMTERESINA.pdf. ACESSO EM: 12 MAR. 2021.

- O SENHOR JOSÉ CONTA QUE COSTUMAVA BRINCAR NA RUA. VOCÊ TEM ESSE COSTUME? QUE CUIDADOS SÃO IMPORTANTES PARA BRINCAR NESSE ESPAÇO?

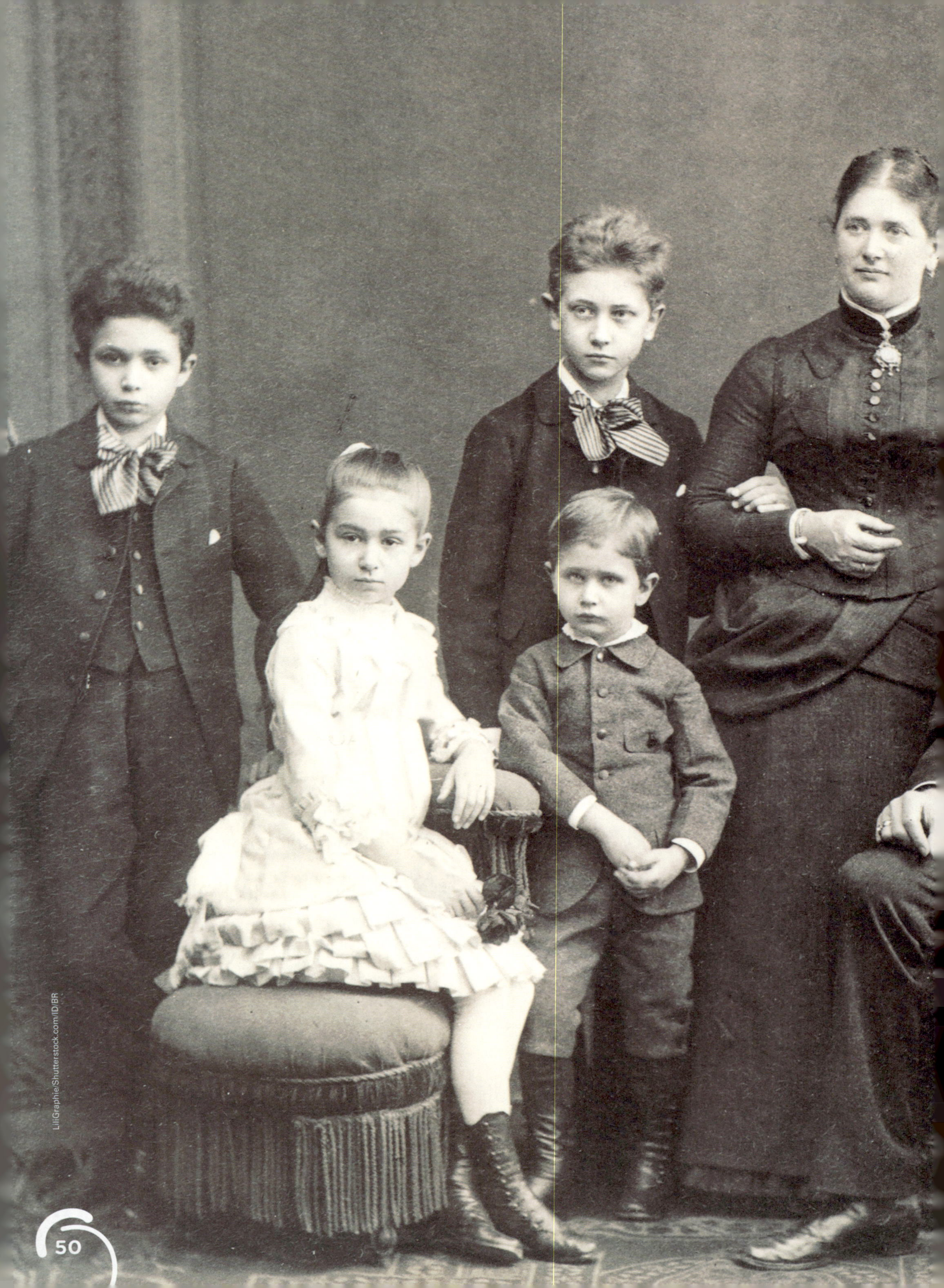

LiliGraphie/Shutterstock.com/ID/BR

CAPÍTULO 4

MUITAS FAMÍLIAS, MUITAS HISTÓRIAS

OS TIPOS DE FAMÍLIA MUDAM AO LONGO DO TEMPO. AS FAMÍLIAS DO PASSADO ERAM DIFERENTES DA MAIORIA DAS FAMÍLIAS DO PRESENTE.

PARA COMEÇO DE CONVERSA

1. QUAL É A DATA DESSA FOTO? QUANTOS FILHOS TEM O CASAL RETRATADO?

2. QUAIS SÃO AS DIFERENÇAS ENTRE A FAMÍLIA DESSA FOTO E A MAIORIA DAS FAMÍLIAS DE HOJE?

3. O QUE VOCÊ SABE SOBRE A HISTÓRIA DA SUA FAMÍLIA?

4. CONHECER A HISTÓRIA DE SUA FAMÍLIA AJUDA VOCÊ A ENTENDER MELHOR QUEM VOCÊ É? POR QUÊ?

SABER SER

◀ FAMÍLIA DA CIDADE DE VIENA, NA ÁUSTRIA, UM PAÍS EUROPEU. FOTO DE 1885.

CADA FAMÍLIA TEM UM JEITO E UM TAMANHO

AS FAMÍLIAS PODEM SER PARECIDAS, MAS SE ORGANIZAM DE DIFERENTES FORMAS. OBSERVE AS FOTOS.

1 CADA FRASE A SEGUIR ESTÁ RELACIONADA A UMA DAS FOTOS. ESCREVA A LETRA DA FOTO AO LADO DA FRASE CORRESPONDENTE.

☐ EXISTE FAMÍLIA FORMADA POR PAI, MÃE E FILHOS.

☐ HÁ FAMÍLIA EM QUE OS FILHOS TÊM DOIS PAIS OU DUAS MÃES.

☐ EXISTE FAMÍLIA SÓ COM PAI E FILHOS OU SÓ COM MÃE E FILHOS.

☐ EXISTEM FAMÍLIAS EM QUE NÃO HÁ FILHOS.

☐ TAMBÉM EXISTEM FAMÍLIAS EM QUE OS NETOS E AS NETAS VIVEM COM OS AVÓS.

☐ EXISTEM FAMÍLIAS EM QUE AVÓS, NETOS, TIOS E PRIMOS VIVEM JUNTOS.

MUITOS POVOS, MUITOS TIPOS DE FAMÍLIA

A FORMA COMO AS FAMÍLIAS DE DIVERSOS POVOS, EM ÉPOCAS DIFERENTES, SE ORGANIZAM É BASTANTE VARIADA.

O TEXTO A SEGUIR É SOBRE AS FAMÍLIAS DE DOIS POVOS INDÍGENAS: OS **KAINGANG** E OS **TAPAYUNA**.

KAINGANG: POVO INDÍGENA QUE VIVE NOS ESTADOS DE SÃO PAULO, PARANÁ, SANTA CATARINA E RIO GRANDE DO SUL.
TAPAYUNA: POVO INDÍGENA QUE VIVE NO ESTADO DE MATO GROSSO.

EM UMA CASA KAINGANG [...], O NÚCLEO FAMILIAR É FORMADO POR "UMA MÃE VELHA", QUE SERIA UMA ESPÉCIE DE **MATRIARCA**, E UMA REDE DE MULHERES: FILHAS, NORAS, NETAS E **AGREGADAS**.

"ESSAS MULHERES SE CUIDAM E SE APOIAM [...]", CONTA A [...] KAINGANG JOZILÉIA DANIZA JACODSEN (YAKIXO). ESSE APOIO INCLUI IR PRA ROÇA, COZINHAR, CUIDAR DAS CRIANÇAS E DA CASA, AMAMENTAR OS BEBÊS UMAS DAS OUTRAS, PRODUZIR O ARTESANATO... CONVERSAR.

[...] OS TAPAYUNA [...] USAM A MESMA PALAVRA PARA DENOMINAR "PAI" E "TIO". É COMO SE AMBOS FOSSEM PAIS DA CRIANÇA IGUALMENTE. [...]

MATRIARCA: MULHER RESPONSÁVEL POR UM GRUPO DE PESSOAS.
AGREGADO: QUEM VIVE COM UMA FAMÍLIA COMO SE FOSSE UM PARENTE PRÓXIMO.

▲ MEMBROS DE UMA FAMÍLIA KAINGANG EM TENENTE PORTELA, RIO GRANDE DO SUL. FOTO DE 2014.

MATERNIDADE INDÍGENA. REVISTA *AZMINA*, 28 SET. 2020. DISPONÍVEL EM: https://azmina.com.br/reportagens/maternidade-indigena/. ACESSO EM: 12 MAR. 2021.

2 QUE COSTUMES KAINGANG E TAPAYUNA SÃO CITADOS NO TEXTO? ALGUM DELES É PARECIDO COM UM COSTUME QUE VOCÊ TEM? SE SIM, COM QUAL?

A FAMÍLIA NO TEMPO

PARA OS ROMANOS QUE VIVERAM HÁ CERCA DE 2 MIL ANOS, A PALAVRA **FAMÍLIA** SIGNIFICAVA UM GRUPO FORMADO POR UM HOMEM (O CHEFE DA FAMÍLIA), POR TODAS AS PESSOAS QUE DEPENDIAM DELE E POR SEUS BENS. ESPOSA, FILHOS, TRABALHADORES DE SUAS TERRAS, ANIMAIS (CACHORROS, BOIS, CAVALOS), MÓVEIS, CASA E CARROÇAS FAZIAM PARTE DA FAMÍLIA.

HOJE, EXISTEM MUITOS TIPOS DE FAMÍLIA. NÃO É APENAS O PARENTESCO QUE UNE AS PESSOAS DE UMA FAMÍLIA. AFETO, CARINHO, COSTUMES E HISTÓRIAS EM COMUM TAMBÉM SÃO ELEMENTOS DE UNIÃO.

DETALHE DE UMA SEPULTURA ROMANA FEITA HÁ CERCA DE 2 MIL ANOS. ELA RETRATA UMA FAMÍLIA ROMANA.

1 PINTE DE **LARANJA** OS QUADRINHOS DAS AFIRMAÇÕES QUE ESTÃO DE ACORDO COM O TEXTO.

☐ AFETO E CARINHO TAMBÉM UNEM AS PESSOAS DE UMA FAMÍLIA.

☐ AS FAMÍLIAS SE ORGANIZAM DE DIFERENTES MODOS.

☐ A FORMA DE ORGANIZAÇÃO DAS FAMÍLIAS SEMPRE FOI A MESMA.

2 EM SUA OPINIÃO, QUE DIFERENÇAS HÁ ENTRE A IDEIA DE FAMÍLIA PARA OS ROMANOS ANTIGOS E A IDEIA DE FAMÍLIA ATUAL?

CADA FAMÍLIA TEM UMA HISTÓRIA

OS ACONTECIMENTOS E OS COSTUMES DAS FAMÍLIAS FAZEM PARTE DA HISTÓRIA DELAS.

ELES PODEM SER LEMBRADOS PELAS PESSOAS E TRANSMITIDOS POR VÁRIAS GERAÇÕES.

3 LEIA UM TRECHO DO RELATO DE DONA MESSIAS ANDRADE DE JESUS, QUE NASCEU EM CURUÇÁ, NA BAHIA, EM 1930:

> MEU PAI ERA PESCADOR. MAS A GENTE FOI MAIS NA ROÇA. ALI ELE PLANTAVA MANDIOCA, A GENTE AJUDAVA. TUDO QUE PLANTAVA ALI, A GENTE AJUDAVA. VIVIA DE ROÇA E DE PESCARIA. A GENTE TOCAVA OS BOIS NO PÉ DO ENGENHO PRA PODER MOER A CANA [...].
>
> [...] DE MANHÃ VINHA TIRAR LEITE PARA O POVO TOMAR CAFÉ [...]. EU GOSTAVA MUITO DESSES TRABALHOS.

RELATO DE MESSIAS ANDRADE DE JESUS. MUSEU DA PESSOA, 26 OUT. 2014. DISPONÍVEL EM: https://acervo.museudapessoa.org/pt/conteudo/historia/dona-messias-precisava-subir-num-caixote-para-botar-a-panela-no-fogo-95598. ACESSO EM: 12 MAR. 2021.

A. SOBRE QUAL PARENTE DONA MESSIAS FALA NO INÍCIO DO RELATO?

B. QUE ATIVIDADES ELA REALIZAVA PARA AJUDAR O PAI?

4 CONTE AOS COLEGAS SOBRE UMA PESSOA DE SUA FAMÍLIA (OU DO GRUPO DE PESSOAS COM QUEM VOCÊ VIVE) QUE SEJA MUITO ESPECIAL PARA VOCÊ. CONTE AS ATIVIDADES QUE VOCÊ JÁ REALIZOU EM COMPANHIA DELA.

OS SOBRENOMES

AO NASCER, RECEBEMOS O SOBRENOME DA FAMÍLIA. MAS NEM SEMPRE FOI ASSIM. NO PASSADO, ERA COMUM TER APENAS O PRIMEIRO NOME. AO LONGO DO TEMPO, AS FAMÍLIAS COMEÇARAM A SER IDENTIFICADAS PELOS SOBRENOMES.

EXISTEM SOBRENOMES DE VÁRIAS ORIGENS. HÁ AQUELES QUE SÃO NOMES DE PLANTAS, COMO PEREIRA E OLIVEIRA. HÁ TAMBÉM NOMES DE LUGARES, COMO BRAGA, QUE É UMA CIDADE DE PORTUGAL. PORÉM, MUITAS VEZES, É DIFÍCIL SABER A ORIGEM DE UM SOBRENOME.

5. VOCÊ SABE DE ONDE VEIO SEU SOBRENOME? COM A AJUDA DE UM ADULTO DE SUA FAMÍLIA, RESPONDA ÀS QUESTÕES A SEGUIR.

A. QUAL É SEU SOBRENOME?

_____

B. NO GRUPO DE PESSOAS COM QUEM VOCÊ VIVE, QUE PESSOAS MAIS VELHAS TÊM O SOBRENOME IGUAL AO SEU?

_____

PARA EXPLORAR

GENTE TEM SOBRENOME, DE TOQUINHO. INTÉRPRETE: CHICO BUARQUE. *CANÇÃO DOS DIREITOS DA CRIANÇA*: TOQUINHO E CONVIDADOS. SÃO PAULO: MOVIEPLAY, 1997. 1 CD. FAIXA 3.

APRECIE ESSA CANÇÃO SOBRE O DIREITO AO NOME E AO SOBRENOME E CONHEÇA ALGUNS SOBRENOMES FAMOSOS E DIVERTIDOS DE FAMÍLIAS BRASILEIRAS E ESTRANGEIRAS.

REGISTROS

FOTOS DE FAMÍLIA

É COMUM AS PESSOAS SEREM FOTOGRAFADAS EM REUNIÕES FAMILIARES, COMO CASAMENTOS, PASSEIOS, ETC. ESSES MOMENTOS FICAM REGISTRADOS NAS FOTOS!

ESSAS FOTOS GUARDAM A HISTÓRIA DA FAMÍLIA. ELAS TAMBÉM FORNECEM INFORMAÇÕES DE UMA ÉPOCA: COMO ERAM AS FAMÍLIAS E COMO VIVIAM, QUAIS ERAM AS DIVERSÕES, COMO ERAM AS ROUPAS, ETC.

OBSERVE AS FOTOS E LEIA AS LEGENDAS.

▲ LUÍS E ANA OLIVEIRA, 1915.

▲ FAMÍLIA OLIVEIRA, 1935.

1. EM 1915, QUANTAS PESSOAS FORMAVAM A FAMÍLIA OLIVEIRA?

_____

2. E EM 1935?

_____

3. QUE DETALHES PODEM INDICAR QUE ESSAS FOTOS NÃO SÃO ATUAIS?

4. EM SUA OPINIÃO, O QUE A FAMÍLIA OLIVEIRA ESTAVA FAZENDO NOS DIAS EM QUE FOI FOTOGRAFADA? ESCOLHA UMA DAS FOTOS E CRIE UMA PEQUENA HISTÓRIA PARA ELA. DEPOIS, CONTE A HISTÓRIA AOS COLEGAS.

APRENDER SEMPRE

1 COM A ORIENTAÇÃO DO PROFESSOR, DESTAQUE AS PEÇAS DA PÁGINA 149. DEPOIS, COLE ESSAS PEÇAS NOS LOCAIS CORRETOS DO DIAGRAMA. PARA ISSO, DESCUBRA OS PARENTESCOS INDICADOS NAS FRASES A SEGUIR.

A. ESPOSA DO IRMÃO DO MEU PAI.

B. FILHO DO IRMÃO DA MINHA MÃE.

C. PAI DA MINHA PRIMA.

D. MÃE DA MINHA MÃE.

E. OUTRO FILHO DO MEU PAI.

2 O GRUPO DE PESSOAS QUE VIVE COM VOCÊ É DIFERENTE DO GRUPO QUE VIVE COM SEU COLEGA. E CADA PESSOA DA FAMÍLIA É DE UM JEITO. SOBRE ISSO, RESPONDA:

SABER SER

A. EM SUA OPINIÃO, AS DIFERENÇAS PODEM DIFICULTAR O RELACIONAMENTO ENTRE PESSOAS QUE FAZEM PARTE DE FAMÍLIAS DIFERENTES? POR QUÊ?

B. AS PESSOAS QUE FAZEM PARTE DE UMA MESMA FAMÍLIA OU DE UM MESMO GRUPO SÃO DIFERENTES ENTRE SI. CADA UMA TEM SEUS PRÓPRIOS GOSTOS, OPINIÕES E MODOS DE PENSAR. ISSO PODE GERAR CONFLITOS. EM SUA OPINIÃO, COMO ESSES CONFLITOS PODEM SER RESOLVIDOS?

3 AGORA, COM A AJUDA DE UM FAMILIAR, VOCÊ VAI REPRESENTAR SUA FAMÍLIA OU O GRUPO DE PESSOAS COM QUEM VOCÊ VIVE. PARA ISSO, SIGA AS ETAPAS PROPOSTAS PARA CRIAR UM PAINEL DE IMAGENS:

- PEÇA AOS ADULTOS COM QUEM VOCÊ VIVE UMA FOTO SUA E UMA FOTO DE CADA PESSOA DA FAMÍLIA. SE NÃO CONSEGUIR FOTOS, FAÇA DESENHOS.
- ORGANIZE AS IMAGENS DAS PESSOAS EM ORDEM DECRESCENTE DE IDADE (DO MAIS VELHO PARA O MAIS JOVEM).
- COLE AS IMAGENS EM UMA CARTOLINA OU EM UMA FOLHA DE PAPEL PARDO, SEGUINDO A ORDEM DE IDADE.
- EMBAIXO DE CADA FOTO, ESCREVA O NOME DA PESSOA E O GRAU DE PARENTESCO DELA COM VOCÊ, SE HOUVER.
- ENFEITE SEU PAINEL DO JEITO QUE QUISER.
- EM UMA DATA COMBINADA, TRAGA SEU PAINEL PARA MOSTRAR AOS COLEGAS. APROVEITE E OBSERVE OS PAINÉIS DELES.

▲ PAINEL DA FAMÍLIA DE PEDRO.

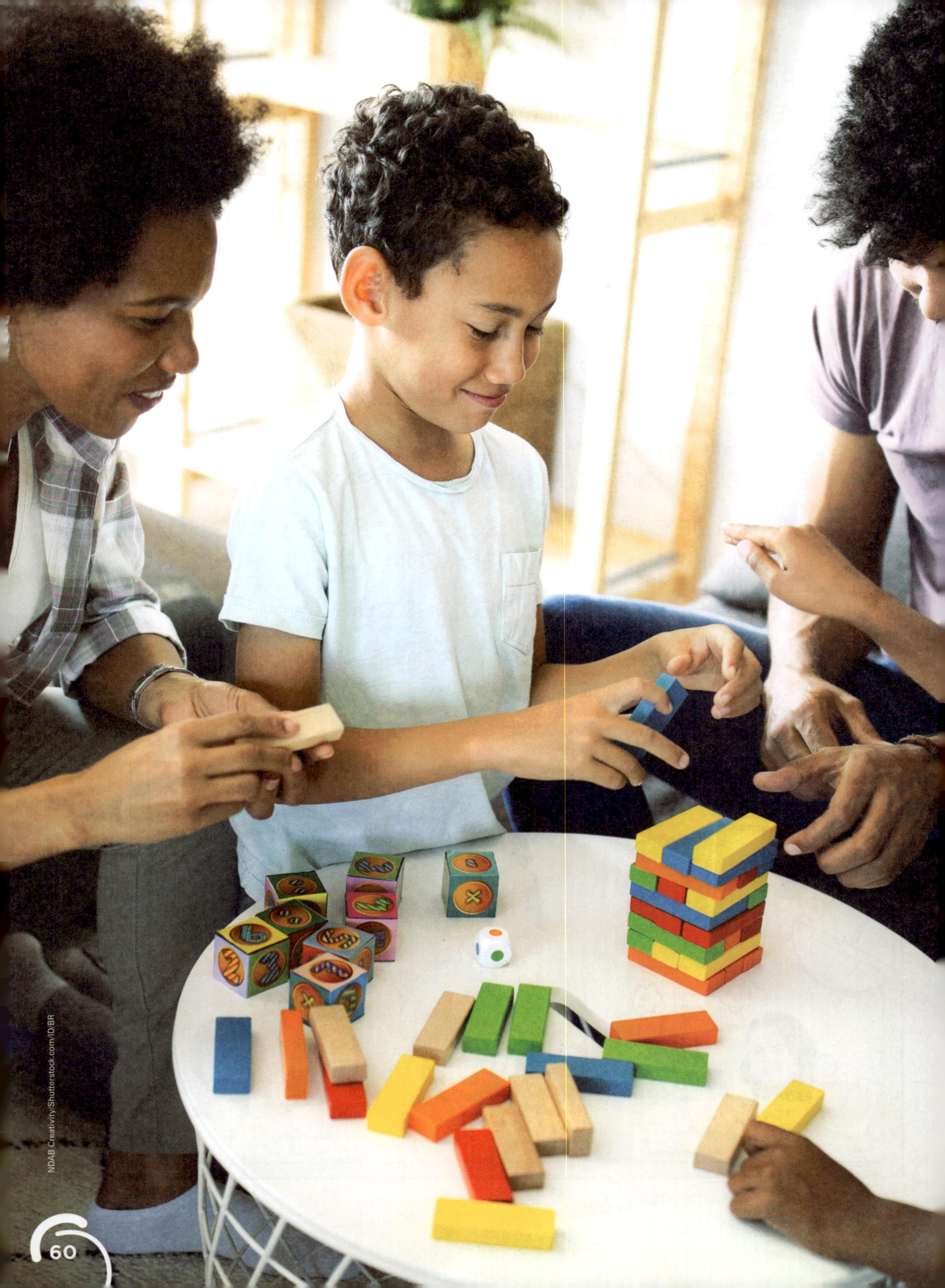

NDAB Creativity/Shutterstock.com/ID/BR

CAPÍTULO 5

CONVIVENDO COM A FAMÍLIA

AS PESSOAS DE UMA FAMÍLIA REALIZAM MUITAS ATIVIDADES QUANDO ESTÃO EM CASA, E CADA FAMÍLIA TEM COSTUMES PRÓPRIOS, PARA CADA MOMENTO.

PARA COMEÇO DE CONVERSA

1. A SITUAÇÃO RETRATADA NESSA FOTO COSTUMA ACONTECER EM SUA FAMÍLIA? SE SIM, QUANDO?

2. O QUE VOCÊ MAIS GOSTA DE FAZER COM SUA FAMÍLIA? E DO QUE MENOS GOSTA?

3. AS PESSOAS SE DIVERTEM EM FAMÍLIA, MAS TAMBÉM TÊM RESPONSABILIDADES NAS TAREFAS DE CASA. COMO VOCÊ COLABORA PARA MANTER SUA CASA ARRUMADA E LIMPA?

SABER SER

◀ FAMÍLIA EM MOMENTO DE DIVERSÃO. FOTO DE 2019.

O DIA A DIA EM FAMÍLIA

AS FAMÍLIAS ORGANIZAM SEUS HORÁRIOS E SUAS ATIVIDADES DIÁRIAS DE DIFERENTES FORMAS. PARTICIPAR DA ARRUMAÇÃO DA CASA, TRABALHAR, ESTUDAR E DIVERTIR-SE SÃO ATIVIDADES QUE PODEM VARIAR DE FAMÍLIA PARA FAMÍLIA.

1 OBSERVE A FAMÍLIA ILUSTRADA NESTA PÁGINA. O QUE VOCÊ ACHA QUE AS PESSOAS ESTÃO FAZENDO? A CENA SE PARECE COM ALGUM COSTUME PRESENTE EM SUA CASA? COMENTE COM OS COLEGAS.

2 O QUE VOCÊ COSTUMA FAZER SOZINHO? E COM SUA FAMÍLIA? PINTE AS OPÇÕES USANDO AS CORES A SEGUIR.

- 🟧 FAÇO COM TODA A FAMÍLIA.
- 🟩 FAÇO COM ALGUMAS PESSOAS DA FAMÍLIA.
- 🟦 FAÇO SOZINHO OU COM PESSOAS QUE NÃO SÃO DA FAMÍLIA.

☐	TOMAR CAFÉ DA MANHÃ.	☐	AJUDAR NA ARRUMAÇÃO DA CASA.
☐	ALMOÇAR.	☐	FAZER OS DEVERES DA ESCOLA.
☐	IR À ESCOLA.	☐	LER LIVROS.
☐	BRINCAR.	☐	PASSEAR.

- ESCOLHA UMA DESSAS ATIVIDADES E FAÇA UM DESENHO PARA REPRESENTÁ-LA. EM UMA DATA COMBINADA, MOSTRE SEU DESENHO AOS COLEGAS E CONTE A ELES POR QUE VOCÊ A ESCOLHEU.

AS TAREFAS DOMÉSTICAS

NO DIA A DIA, TODOS DEVEM PARTICIPAR DAS TAREFAS DE CASA. OBSERVE AS IMAGENS DESTA PÁGINA.

A ▲ MULHER COZINHANDO EM FOGÃO A LENHA EM PALMARES DO SUL, RIO GRANDE DO SUL. FOTO DE 2016.

B ▲ SENHORA HIGIENIZANDO ALIMENTOS EM CASA NA CAPITAL DE SÃO PAULO. FOTO DE 2020.

C ▲ IRMÃOS FAZENDO MACARRÃO EM PRESIDENTE PRUDENTE, SÃO PAULO. FOTO DE 2020.

D ▲ HOMEM LIMPANDO O CHÃO DA CASA EM ARIQUEMES, RONDÔNIA. FOTO DE 2018.

3 AGORA, RESPONDA ÀS QUESTÕES.

A. O QUE ESTÁ ACONTECENDO EM CADA FOTO?

B. O QUE CADA PESSOA DE SUA FAMÍLIA FAZ PARA COLABORAR NAS TAREFAS DE CASA?

C. ALGUMA DESSAS FOTOS RETRATA UMA SITUAÇÃO QUE COSTUMA OCORRER NA SUA FAMÍLIA? SE SIM, CONTORNE COM LÁPIS DE COR A FOTO EM QUE ISSO ACONTECE.

4 VOCÊ ACHA QUE HÁ TAREFAS DE CASA QUE DEVEM SER FEITAS SOMENTE POR MULHERES? POR QUÊ?

SESSENTA E TRÊS

OS COSTUMES DE CADA FAMÍLIA

CADA FAMÍLIA TEM SUAS HISTÓRIAS, SEUS GOSTOS E SEUS COSTUMES. ELES SÃO PASSADOS DOS MAIS VELHOS AOS MAIS NOVOS. OBSERVE ALGUNS COSTUMES.

▲ FAMÍLIA INTERAGINDO COM PEIXES EM PORTO DE GALINHAS, PERNAMBUCO. FOTO DE 2019.

▲ FAMÍLIA DANÇANDO EM NOSSA SENHORA DO LIVRAMENTO, MATO GROSSO. FOTO DE 2020.

◀ FAMÍLIA DA ALDEIA PATAXÓ JAQUEIRA, EM PORTO SEGURO, BAHIA, FAZENDO PINTURA CORPORAL. FOTO DE 2019.

1 ESCOLHAM UMA DAS SITUAÇÕES EM FAMÍLIA RETRATADAS NAS FOTOS E IMAGINEM OUTRAS ATIVIDADES DO DIA A DIA DESSA FAMÍLIA. ANOTEM ESSAS ATIVIDADES NO CADERNO E DEPOIS LEIAM PARA A TURMA.

2 SUA FAMÍLIA COSTUMA FAZER ALGO ESPECIAL, DE QUE TODOS GOSTAM MUITO? EM CASO AFIRMATIVO, O QUÊ?

RECONHECENDO OS COSTUMES

AS FESTAS, OS MODOS DE ORGANIZAR A MORADIA, AS BRINCADEIRAS, OS JOGOS E OS PRATOS TÍPICOS SÃO ALGUNS DOS ASPECTOS QUE VARIAM DE FAMÍLIA PARA FAMÍLIA.

3. VOCÊ VAI IDENTIFICAR ALGUNS COSTUMES DA SUA FAMÍLIA E REALIZAR DOIS REGISTROS: ESCREVER UMA FRASE E FAZER UM DESENHO. CASO NÃO SAIBA RESPONDER ÀS QUESTÕES, PERGUNTE A UM ADULTO DE SUA FAMÍLIA.

A. QUAL É A SUA COMEMORAÇÃO FAVORITA EM FAMÍLIA?

B. QUAIS ALIMENTOS COSTUMAM SER SERVIDOS DURANTE AS REFEIÇÕES COM A SUA FAMÍLIA?

4. EM UMA DATA COMBINADA, TROQUE DE LIVRO COM UM COLEGA. OBSERVE OS REGISTROS QUE ELE FEZ E CONHEÇA OS COSTUMES DA FAMÍLIA DELE.

VAMOS LER IMAGENS!

FAMÍLIAS DE UM PASSADO DISTANTE

VOCÊ JÁ SABE QUE AS LEGENDAS TRAZEM IMPORTANTES INFORMAÇÕES SOBRE AS IMAGENS. AGORA, VAMOS EXPLORAR UMA DESSAS INFORMAÇÕES: AS DATAS.

A IMAGEM A SEGUIR MOSTRA UMA FAMÍLIA EGÍPCIA QUE VIVEU HÁ MUITO TEMPO. O POVO DO EGITO ANTIGO HABITAVA TERRITÓRIOS DO NORTE DA ÁFRICA.

A

MONUMENTO DE PEDRA FEITO HÁ MAIS DE QUATRO MIL ANOS. ELE REPRESENTA A FAMÍLIA DO FARAÓ AKHENATON, DO EGITO ANTIGO. FOTO DE 2017.

Prisma/M. Flynn/Album/Fotoarena

MONUMENTO: OBRA (COMO UMA ESCULTURA, POR EXEMPLO) FEITA EM HOMENAGEM A UMA PESSOA, A UM GRUPO OU A UM ACONTECIMENTO. GERALMENTE, OS MONUMENTOS SÃO COLOCADOS EM LOCAIS PÚBLICOS.
FARAÓ: COMO ERA CHAMADO O REI NO EGITO ANTIGO.

A LEGENDA DA FOTO **A** APRESENTA DUAS DATAS: QUANDO O MONUMENTO DE PEDRA FOI FEITO (HÁ QUATRO MIL ANOS) E O ANO EM QUE A FOTO FOI TIRADA (2017).

AGORA É A SUA VEZ

1 DE ACORDO COM A IMAGEM, QUANTAS CRIANÇAS FAZIAM PARTE DA FAMÍLIA DO FARAÓ AKHENATON? E QUANTOS ADULTOS? ANOTE AS QUANTIDADES NOS QUADRINHOS.

☐ CRIANÇAS   ☐ ADULTOS

2 O MONUMENTO EM QUE FOI REPRESENTADA A FAMÍLIA DE AKHENATON É ANTIGO OU É RECENTE? E A FOTO DESSE MONUMENTO? RESPONDA LIGANDO OS QUADROS.

| MONUMENTO DE PEDRA | RECENTE |
| FOTO | ANTIGO |

3 OBSERVE A FOTO **B**. ELA RETRATA UMA FAMÍLIA DA ROMA ANTIGA.

B DETALHE DE UM ALTAR ROMANO FEITO HÁ MAIS DE DOIS MIL ANOS. ELE MOSTRA PARTE DA FAMÍLIA DO IMPERADOR ROMANO AUGUSTO. FOTO DE 2019. ▶

A. QUANDO A FOTO FOI FEITA? _____

B. QUANDO O ALTAR FOI CONSTRUÍDO? _____

4 COMPARE AS IMAGENS **A** E **B**. QUAL FAMÍLIA ANTIGA, APARENTEMENTE, ERA MAIS NUMEROSA, A EGÍPCIA OU A ROMANA? COMO VOCÊ CHEGOU A ESSA CONCLUSÃO?

APRENDER SEMPRE

1. COMEMORAR ANIVERSÁRIOS FAZ PARTE DOS COSTUMES DE MUITAS FAMÍLIAS. O RELATO QUE VOCÊ E A TURMA VÃO LER A SEGUIR É SOBRE ISSO.

> ACORDEI CEDO NAQUELE DIA. SETE ANOS. [...] NÃO VI NINGUÉM. [...] ESTAVA DE FÉRIAS. ALIÁS, ESTA SEMPRE FOI UMA FRUSTRAÇÃO. FAZER ANIVERSÁRIO NO PERÍODO DE FÉRIAS. [...] DA **CASA DE FARINHA**, LÁ DO ALTO DO MORRO, OUVI UM ASSOBIO. AQUELE ERA O TRADICIONAL AVISO QUE O **BIJU** HAVIA ACABADO DE FICAR PRONTO. [...] EM DEZ MINUTOS MEU TIO CHEGAVA [...]. DISSE-ME: "HOJE É UM DIA ESPECIAL E O CAFÉ TAMBÉM VAI SER ESPECIAL". [...]

CASA DE FARINHA: LUGAR ONDE É PRODUZIDA A FARINHA DE MANDIOCA.
BIJU: ALIMENTO FEITO COM MASSA DE MANDIOCA.

RELATO DE MICHELE MARIA DE SOUZA. MUSEU DA PESSOA, 11 FEV. 2014. DISPONÍVEL EM: https://acervo.museudapessoa.org/pt/conteudo/historia/um-aniversario-inesquecivel-52768. ACESSO EM: 12 MAR. 2021.

A. MICHELE FAZ ANIVERSÁRIO EM QUAL ÉPOCA DO ANO? EM QUAIS MESES DO ANO PODE SER O ANIVERSÁRIO DELA? LEVANTE HIPÓTESES.

B. ELA GOSTA DE FAZER ANIVERSÁRIO NESSE PERÍODO? EXPLIQUE COM UM TRECHO DO RELATO.

C. ELA ESTÁ LEMBRANDO DA COMEMORAÇÃO DO ANIVERSÁRIO DE QUANTOS ANOS? SUA IDADE É IGUAL À IDADE DELA? EXPLIQUE.

D. VOCÊ COSTUMA COMEMORAR SEU ANIVERSÁRIO? COMO?

2 ADOTAR ANIMAIS DOMÉSTICOS, ISTO É, ANIMAIS QUE FORAM ACOSTUMADOS A CONVIVER COM SERES HUMANOS, FAZ PARTE DO COTIDIANO DE MUITAS FAMÍLIAS. O TEXTO QUE VOCÊ VAI LER AGORA É SOBRE ISSO.

> [...] OS CAVALOS E A VAQUINHA ERAM DO PAI, OS BURRICOS E A CABRITA ERAM DO AVÔ, AS GALINHAS E AS OUTRAS AVES ERAM DA MÃE, DA AVÓ, UM POUQUINHO DELES TAMBÉM. AFINAL, ERAM ELES QUE DAVAM MILHO E CATAVAM OS OVOS. OS GATOS? DE NINGUÉM EM ESPECIAL, ERAM DA CASA.
>
> LÚCIA HIRATSUKA. *LADRÃO DE OVOS*. SÃO PAULO: SM, 2011. P. 6.

A. CONTORNE OS NOMES DOS ANIMAIS DOMÉSTICOS QUE APARECEM NO TEXTO.

B. SUA FAMÍLIA TEM O COSTUME DE CUIDAR DE ALGUM ANIMAL DOMÉSTICO? EM CASO AFIRMATIVO, DE QUAL?

C. VOCÊ GOSTARIA DE SER **TUTOR** DE ALGUM ANIMAL DOMÉSTICO? EM CASO AFIRMATIVO, DE QUAL?

> **TUTOR:** PESSOA QUE CUIDA DE UM ANIMAL E É RESPONSÁVEL POR ELE.

D. IMAGINE QUE VOCÊ SEJA O TUTOR DESSE ANIMAL. QUAIS TAREFAS VOCÊ TERIA DE FAZER PARA GARANTIR O BEM-ESTAR DELE?

_____
_____

70

CAPÍTULO 6

AS FAMÍLIAS BRASILEIRAS

NAS FAMÍLIAS BRASILEIRAS EXISTEM PESSOAS DE DIVERSAS ORIGENS, E ISSO AJUDA A ENTENDER A VARIEDADE DE COSTUMES NO BRASIL.

PARA COMEÇO DE CONVERSA

1. VOCÊ RECONHECE O PRATO QUE ESTÁ NA MESA DA FAMÍLIA SILVA? JÁ EXPERIMENTOU ESSE PRATO? SE SIM, GOSTOU DELE?

2. QUE PRATO VOCÊ E SUA FAMÍLIA CONSOMEM EM DIAS ESPECIAIS?

3. VOCÊ JÁ FEZ ALGUMA REFEIÇÃO NA CASA DE UM COLEGA E PROVOU UM PRATO QUE NUNCA TINHA COMIDO EM CASA? SE SIM, O QUE VOCÊ ACHOU DA EXPERIÊNCIA? COMENTE.

SABER SER

◀ ILUSTRAÇÃO QUE MOSTRA A FAMÍLIA SILVA DURANTE REFEIÇÃO EM UM FERIADO. NOS DETALHES, FOTOS DE MACARRONADA, DE SUCO DE LARANJA E DE ROUPAS NO VARAL.

SETENTA E UM

FAMÍLIAS DE DIFERENTES ORIGENS

PESSOAS DE DIFERENTES LUGARES DO MUNDO VIERAM MORAR NO BRASIL. ELAS COMEÇARAM A CHEGAR EM 1500, ENCONTRANDO AQUI DIVERSOS POVOS INDÍGENAS.

PRIMEIRO, VIERAM OS PORTUGUESES. DEPOIS, OS AFRICANOS FORAM TRAZIDOS À FORÇA PARA TRABALHAR. SÉCULOS MAIS TARDE, CHEGARAM, EM GRANDE NÚMERO, ITALIANOS, ALEMÃES, ESPANHÓIS, JAPONESES, ÁRABES, ETC. TODOS ELES CONTRIBUÍRAM PARA A FORMAÇÃO DAS FAMÍLIAS BRASILEIRAS. OBSERVE AS FOTOS.

◀ FAMÍLIA NOGUEIRA EM PONTA PORÃ, MATO GROSSO DO SUL. FOTO DE 2018.

▲ FAMÍLIA DO POVOADO DE BARRIGUDA DO ANÍBAL, NA BAHIA. FOTO DE 2019.

◀ FAMÍLIA XAVANTE NO MUNICÍPIO DE GENERAL CARNEIRO, NO MATO GROSSO. FOTO DE 2020.

1 PINTE DE **AMARELO** O QUADRINHO DA FRASE QUE ESTÁ DE ACORDO COM ESSAS FOTOS.

☐ TODAS AS FAMÍLIAS BRASILEIRAS TÊM A MESMA ORIGEM.

☐ CADA FAMÍLIA ESTÁ ORGANIZADA À SUA MANEIRA E PODE TER ORIGENS DIFERENTES.

UMA MISTURA DE COSTUMES

AS DIFERENTES ORIGENS CONTRIBUÍRAM PARA A GRANDE DIVERSIDADE DE COSTUMES DAS FAMÍLIAS BRASILEIRAS.

NA RUA, NA ESCOLA, NO TRABALHO, AS PESSOAS SE ENCONTRAM E CONVIVEM. NESSA CONVIVÊNCIA CADA UMA APRENDE ALGO DOS COSTUMES DA OUTRA.

POR EXEMPLO, MUITA GENTE TEM O HÁBITO DE COMER MANDIOCA, QUE É DE ORIGEM INDÍGENA. OU DE COMER CARNE COZIDA COM INHAME, UM LEGUME TRAZIDO PELOS POVOS AFRICANOS. E DE VEZ EM QUANDO É MUITO BOM TOMAR UMA SOPA, COMO FAZEM OS PORTUGUESES. VOCÊ GOSTA DE ALGUM DESSES ALIMENTOS?

2 COM A AJUDA DE UM ADULTO QUE MORE COM VOCÊ, COMPLETE AS FRASES COM OS NOMES DOS PRATOS RETRATADOS NAS FOTOS.

A. A _____ É FEITA DE FARINHA DE MANDIOCA. A ORIGEM DESSE ALIMENTO É INDÍGENA.

B. O COSTUME DE TOMAR _____ FOI TRAZIDO PELOS PORTUGUESES.

C. O _____ É UM PRATO DE ORIGEM ÁRABE.

D. O _____ FOI TRAZIDO AO BRASIL PELOS POVOS AFRICANOS.

OS COSTUMES NAS FAMÍLIAS DO PASSADO

NO PASSADO, HÁ POUCO MAIS DE CEM ANOS, AS FAMÍLIAS BRASILEIRAS ERAM DIFERENTES DAS FAMÍLIAS ATUAIS.

ELAS ERAM, GERALMENTE, MAIS NUMEROSAS. OS RAPAZES E, PRINCIPALMENTE, AS MOÇAS SE CASAVAM MUITO JOVENS E TINHAM MUITOS FILHOS.

NAQUELA ÉPOCA, APENAS OS HOMENS DE FAMÍLIAS RICAS ERAM EDUCADOS PARA TER UMA PROFISSÃO E CONTINUAR ESTUDANDO ATÉ A UNIVERSIDADE. AS TAREFAS DA CASA ERAM OBRIGAÇÃO APENAS DAS MULHERES.

FAMÍLIA FOTOGRAFADA EM CAXIAS DO SUL, RIO GRANDE DO SUL, EM CERCA DE 1915.

1 OBSERVE A FOTO E RESPONDA ÀS QUESTÕES.

A. QUANDO E ONDE ESSA FOTO FOI TIRADA?

_____

B. QUANTOS ADULTOS FAZEM PARTE DESSA FAMÍLIA? E QUANTAS CRIANÇAS?

_____

C. COMO AS CRIANÇAS ESTÃO VESTIDAS? E OS ADULTOS?

D. AS ROUPAS DAS PESSOAS DESSA FAMÍLIA SÃO DIFERENTES DAS ROUPAS QUE VOCÊ E SUA FAMÍLIA USAM? EXPLIQUE.

MUDANÇAS

AO LONGO DO TEMPO, APÓS MUITA LUTA, AS MULHERES COMEÇARAM A EXERCER PROFISSÕES MAIS VARIADAS E CONQUISTARAM OS DIREITOS DE CONTINUAR OS ESTUDOS E DE EXERCER ALGUMAS PROFISSÕES QUE ANTES ERAM EXCLUSIVAS DOS HOMENS.

APESAR DE TODAS ESSAS CONQUISTAS, AS MULHERES AINDA ENFRENTAM DIVERSAS DIFICULDADES. MUITAS DELAS RECEBEM SALÁRIOS MAIS BAIXOS QUE OS DOS HOMENS E É COMUM QUE TENHAM DE FAZER TODO O TRABALHO DE CASA.

À ESQUERDA, EMBAIXO, ODETTE DOS SANTOS NORÁ, ESTUDANTE DA PRIMEIRA TURMA DA FACULDADE DE MEDICINA DA UNIVERSIDADE DE SÃO PAULO. FOTO DE CERCA DE 1915.

2. AS MULHERES QUE FAZEM PARTE DO SEU DIA A DIA COSTUMAM TRABALHAR FORA DE CASA? COMO É O TRABALHO DELAS? CONVERSE SOBRE ISSO COM UM ADULTO DE SUA FAMÍLIA E, DEPOIS, COMPARTILHE SUAS DESCOBERTAS COM A TURMA.

PARA EXPLORAR

GRANDES MULHERES QUE FIZERAM HISTÓRIA, DE KATE PANKHURST. SÃO PAULO: EDITORA VR, 2019.

CONHEÇA ALGUMAS MULHERES QUE FORAM RESPONSÁVEIS POR CONQUISTAR OS DIREITOS QUE VOCÊ ESTUDOU. ALÉM DISSO, ELAS TAMBÉM TROUXERAM IMPORTANTES MELHORIAS PARA AS ÁREAS EM QUE TRABALHARAM.

PESSOAS E LUGARES

OS INY E AS BONECAS DE CERÂMICA

OS INY, CONHECIDOS PELOS NÃO INDÍGENAS COMO KARAJÁS, SÃO UM POVO INDÍGENA QUE VIVE NOS ESTADOS DE GOIÁS, MATO GROSSO, PARÁ E TOCANTINS.

ENTRE CINCO E OITO ANOS DE IDADE, AS MENINAS INY RECEBEM DE SUAS AVÓS UM CONJUNTO DE BONECAS DE CERÂMICA, CHAMADAS DE **BONECAS KARAJÁS**. CADA BONECA TEM UM SIGNIFICADO, REPRESENTANDO PESSOAS DA FAMÍLIA DA MENINA E ELA MESMA, EM VÁRIAS FASES DA VIDA.

- AVÓ MATERNA DA MENINA. ELA CONFECCIONOU E DEU AS BONECAS DE PRESENTE.
- AVÔ MATERNO DA MENINA.
- MÃE DA MENINA.
- MENINO ADOLESCENTE DA FAMÍLIA. PODE SER UM IRMÃO OU UM PRIMO DA MENINA.
- MENINO ADULTO.
- CRIANÇA RECÉM-NASCIDA DA FAMÍLIA.
- A MENINA, QUANDO GANHOU AS BONECAS.
- PAI DA MENINA.
- MENINA ADOLESCENTE.
- MENINA ADULTA.

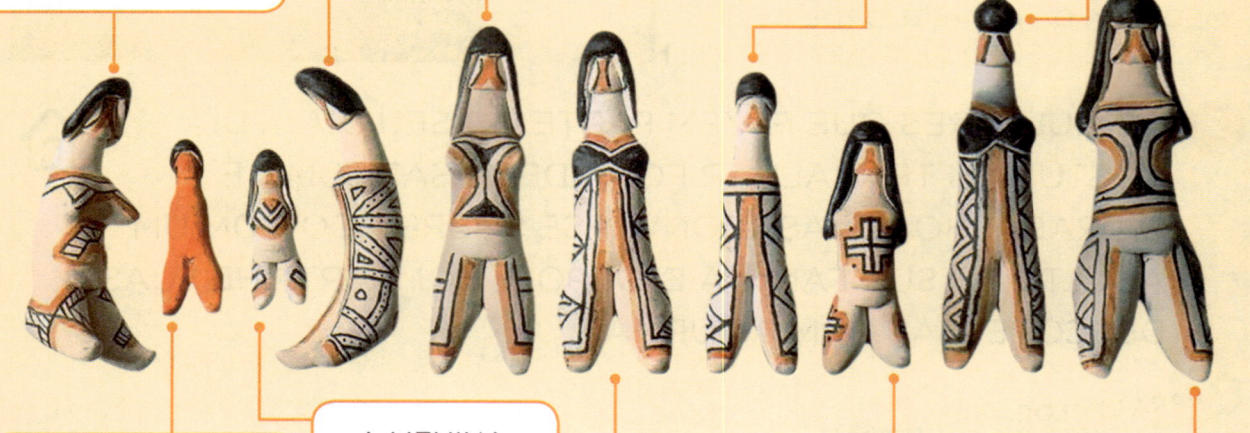

FONTE DE PESQUISA: SANDRA MARIA CHRISTIANI DE LA TORRE LACERDA CAMPOS. *BONECAS KARAJÁ:* MODELANDO INOVAÇÕES, TRANSMITINDO TRADIÇÕES. 2007. 154 P. TESE (DOUTORADO EM CIÊNCIAS SOCIAIS) – PONTIFÍCIA UNIVERSIDADE CATÓLICA DE SÃO PAULO, SÃO PAULO.

AS BONECAS SÃO FEITAS DE CERÂMICA. O BARRO É MODELADO À MÃO PELAS AVÓS E, DEPOIS, LEVADO AO FOGO PARA ENDURECER. NA FOTO, BONECAS KARAJÁS REPRESENTANDO MULHER E HOMEM DE UMA ALDEIA INY NO MATO GROSSO, 2013.

MENINAS INY DE ALDEIA NO TOCANTINS, EM 2013. OS DESENHOS NOS COLARES DELAS SÃO PARTE DA CULTURA DOS INY. ELES TAMBÉM FAZEM DESENHOS EM OUTRAS VESTIMENTAS E NO CORPO. POR ISSO, AS BONECAS TÊM O CORPO PINTADO. CADA DESENHO TEM UM SIGNIFICADO DIFERENTE.

1. EM SUA OPINIÃO, AS BONECAS KARAJÁS PODEM AJUDAR A CONTAR A HISTÓRIA DE UMA FAMÍLIA INY? POR QUÊ?

2. AGORA, VOCÊ VAI CONFECCIONAR DOIS BONECOS: UM QUE REPRESENTA VOCÊ AINDA BEBÊ E OUTRO QUE REPRESENTA VOCÊ JÁ NA IDADE ADULTA. COMO VOCÊ IMAGINA ESSES BONECOS? COM A ORIENTAÇÃO DO PROFESSOR, USE ARGILA OU MASSA DE MODELAR PARA FAZER AS REPRESENTAÇÕES.

APRENDER SEMPRE

1 LEIA O TEXTO A SEGUIR. ELE TRAZ MEMÓRIAS DA FAMÍLIA DE DRAUZIO VARELLA, UM CONHECIDO MÉDICO BRASILEIRO.

> MEU [...] AVÔ, PAI DA MINHA MÃE, COSTUMAVA SE SENTAR NA CADEIRA DE BALANÇO E LER AS NOTÍCIAS DA GUERRA PARA MINHA AVÓ. [...]
>
> ERA UM HOMEM BAIXO E ATARRACADO, QUE ESCREVIA COM LETRA PERFEITA. [...] NASCIDO NUMA REGIÃO CHAMADA TRÁS-OS-MONTES, AO NORTE DE PORTUGAL, VEIO PARA O BRASIL COM O PAI, PROFESSOR, A MÃE E UM IRMÃO. [...]
>
> FOI NO **BRÁS** QUE ELE CONHECEU A MINHA AVÓ ANA. ESSA MINHA AVÓ NASCEU NO PORTO, UMA DAS MAIORES CIDADES DE PORTUGAL, E CHEGOU CRIANÇA AO BRASIL, JUNTO COM A FAMÍLIA NUMEROSA.
>
> DRAUZIO VARELLA. *NAS RUAS DO BRÁS*. SÃO PAULO: COMPANHIA DAS LETRINHAS, 2004. P. 11-12 (COLEÇÃO MEMÓRIA E HISTÓRIA).

BRÁS: BAIRRO DO MUNICÍPIO DE SÃO PAULO. HÁ CERCA DE 70 ANOS, ERA UM BAIRRO COM MUITAS FÁBRICAS E MORADIAS DE OPERÁRIOS.

A. DE ACORDO COM O TEXTO, ONDE NASCERAM OS AVÓS MATERNOS DE DRAUZIO VARELLA?

_____

B. ESSE LUGAR FICA NO BRASIL? SUBLINHE, NO TEXTO, A INFORMAÇÃO QUE COMPROVA A SUA RESPOSTA.

C. ONDE O AVÔ E A AVÓ DE DRAUZIO SE CONHECERAM?

_____

D. ASSIM COMO DRAUZIO VARELLA, VOCÊ CONHECE ALGUMA HISTÓRIA DO PASSADO DE SEUS FAMILIARES? EM CASO AFIRMATIVO, CONTE ESSA HISTÓRIA AOS COLEGAS E EXPLIQUE POR QUE ELA É IMPORTANTE PARA VOCÊ E PARA SUA FAMÍLIA.

2 LEIA O TEXTO E RESPONDA ÀS QUESTÕES.

[...] MUITAS CRIANÇAS TÊM BISAVÓS, AVÓS E ATÉ MESMO PAIS QUE VIERAM DE OUTRAS PARTES DO MUNDO. TEM GENTE DE PORTUGAL, DA ESPANHA, DO JAPÃO, DO LÍBANO, [DOS PAÍSES] DA ÁFRICA, DA ITÁLIA, DA ALEMANHA [...] E DE VÁRIOS OUTROS LUGARES. COM ESSA GRANDE MISTURA, TEM CRIANÇA COM UM AVÔ PORTUGUÊS E UMA AVÓ ALEMÃ. OUTRA QUE É FILHA DE MÃE JAPONESA E PAI LIBANÊS.

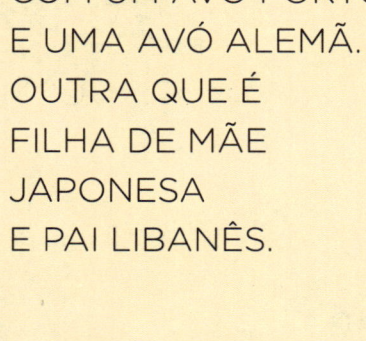

ANA BUSCH E CAIO VILELA. *UM MUNDO DE CRIANÇAS*. SÃO PAULO: PANDA BOOKS, 2007. P. 62.

A. DO QUE O TEXTO TRATA?

B. NO MUNICÍPIO ONDE SUA ESCOLA ESTÁ LOCALIZADA, HÁ INFLUÊNCIAS CULTURAIS DE DIFERENTES POVOS? EM UM PASSEIO COM O PROFESSOR, OBSERVE O ENTORNO DA ESCOLA EM BUSCA DESSAS INFLUÊNCIAS. DE VOLTA À SALA DE AULA, VOCÊ E OS COLEGAS VÃO COMPARTILHAR AS DESCOBERTAS QUE FIZERAM.

3 CADA POVO TEM COSTUMES, HÁBITOS, FESTAS E IDIOMAS PRÓPRIOS.

SABER SER

A. COMO DEVEMOS NOS COMPORTAR EM RELAÇÃO ÀS DIFERENÇAS DE COSTUMES DE CADA POVO?

B. COMO VOCÊ ESPERA QUE AS PESSOAS SE COMPORTEM EM RELAÇÃO A ALGUM COSTUME SEU E DE SUA FAMÍLIA?

Galeria Jacques Ardies, São Paulo.
Fotografia: Jacques Ardies

CAPÍTULO 7

As moradias e a vizinhança

Várias moradias habitadas por diferentes famílias formam a vizinhança.

Os vizinhos são aquelas pessoas que moram próximas de nós, no mesmo prédio, na mesma rua, no mesmo quarteirão e até na mesma vila ou no mesmo bairro.

Para começo de conversa

1. Quem é a autora dessa pintura? Em que ano essa pintura foi feita?

2. Qual cena dessa pintura chamou mais sua atenção? Por quê?

3. Sua vizinhança é parecida com a vizinhança retratada nessa pintura ou é diferente? Como ela é?

4. A pintura mostra várias pessoas caminhando na rua. Em sua vizinhança, que cuidados você precisa tomar para fazer isso?

Saber Ser

◀ Detalhe da pintura *A feira dos pescadores*, 2013, de Helena Coelho. Óleo sobre tela.

Tipos de moradia

Assim como há diversos tipos de família, há também diferentes tipos de moradia. Observe as fotos a seguir.

▲ Há casas que são construídas à beira de rios sobre estacas de madeira. Elas são chamadas de palafitas. Na foto, palafita em Santana, Amapá, 2020.

▲ Há casas que possuem um andar superior. Elas são chamadas de sobrados. Na foto, sobrado em São Joaquim, Santa Catarina, 2019.

▲ Nos prédios, moram muitas famílias. Elas vivem em apartamentos. Na foto, conjunto de prédios residenciais em Lagoa Santa, Minas Gerais, 2019.

▲ No campo, onde há sítios e fazendas, é comum que as casas sejam afastadas umas das outras. Na foto, entrada de casa térrea no município de Serra Negra, Goiás, 2020.

◄ Cada povo indígena tem um jeito de construir casas e de habitá-las. Na foto, moradia do povo Waurá, da aldeia Piyulaga, em Gaúcha do Norte, Mato Grosso, 2019.

◄ Há locais onde as casas são feitas de madeira e de barro, técnica chamada de **pau a pique**. Na foto, casa de pau a pique em Itacuruba, Pernambuco, 2019.

1 Alguma moradia mostrada nas fotos é parecida com a sua? Em caso afirmativo, qual?

2 Em sua opinião, o lugar onde a moradia da primeira foto foi construída influenciou o formato dela e a escolha dos materiais utilizados? Explique.

82 oitenta e dois

Mudanças na vizinhança

Você estudou que há diversos tipos de família e também diferentes tipos de moradia.

As moradias se transformam ao longo do tempo, seja por mudanças no município, seja por mudanças das pessoas que vivem nessas construções. Por isso, as moradias também ajudam a contar a história de uma pessoa, uma família e uma comunidade.

Às vezes, as famílias mudam de casa e também de vizinhança. Isso faz parte da história delas. O poema a seguir é sobre isso. Leia-o.

Mudar de casa
é coisa
muito complicada,
porque uma casa
não cabe
em outra casa:
sempre fica faltando,
sempre fica sobrando.
[...]

Na casa nova o caminhão despeja
mesas, cadeiras, lembranças,

e a casa vai criando asas,
criando vida,
já se pode forrar o teto
de sonhos.

Roseana Murray. Mudança. Em: *Casas*. São Paulo: Formato Editorial, 2009. p. 13.

1. Em casa, passamos muitos momentos de nossa vida, e vários deles ficam registrados na memória. Lembre-se de um momento muito feliz que você viveu no lugar onde mora e conte-o aos colegas.

2. Alguma vez você teve de se mudar de casa? Em caso afirmativo, você e sua família se mudaram para um lugar perto ou para um lugar distante da antiga moradia?

3. Você conhece as famílias que moram perto de sua casa? Você costuma conviver com elas? Explique.

Moradias do passado

No Brasil, alguns tipos de moradia foram se transformando ao longo do tempo. Outros passaram por poucas mudanças.

O texto a seguir trata das moradias brasileiras de cerca de trezentos anos atrás. Leia-o com os colegas.

> [...] A forma como moramos também é capaz de indicar as transformações que nossa sociedade sofreu ao longo do tempo. [...]
>
> Por exemplo: na região de Campos dos Goytacazes, que fica no estado do Rio de Janeiro, a vida era muito **rústica** [...]. Mesmo as famílias mais ricas viviam com poucos objetos em casas simples e pequenas, [...] feitas com tábuas [...] de madeira entrelaçadas, amarradas com cipó [...] e cobertas por telhas ou palha.
>
> [...]
>
> Em cidades como Salvador, na Bahia, a realidade era diferente: [...] havia casarões [...] e sobrados com muitos cômodos, que incluíam sala de jantar, sala de festas, capela, cozinha, despensa [...].

Rústico: simples.

Keila Grinberg. O que nos contam as moradias. *Ciência Hoje das Crianças*, 5 fev. 2013. Disponível em: http://chc.org.br/o-que-nos-contam-as-moradias/. Acesso em: 15 mar. 2021.

Muitos dos casarões construídos há mais de trezentos anos ainda podem ser vistos em Salvador, Bahia. Foto de 2020.

4 De acordo com o texto, as primeiras moradias de Campos dos Goytacazes foram feitas com qual tipo de técnica ainda usada atualmente?

5 No município onde você mora, há construções antigas como as de Salvador, na Bahia? Se sim, como elas são? Com a ajuda do adulto que cuida de você, faça uma pesquisa e anote suas descobertas no caderno. Em uma data combinada, compartilhe as informações com os colegas.

Registros

O endereço

Para localizar uma moradia nas cidades, utilizamos o endereço: nome da rua, número da casa, nome do bairro, nome do município... Mas será que sempre foi assim?

No Brasil, há pouco mais de cem anos, muitas ruas eram conhecidas pelo nome de um morador ou de um lugar importante. Por exemplo, a "rua do João", a "rua do Colégio", entre outros.

As construções não eram identificadas por números. A localização era feita por uma referência, como "fica em frente da padaria" ou "é perto do correio".

Com o crescimento da **população**, os governos municipais começaram a identificar as ruas por nomes e as construções por números.

População: conjunto de pessoas que vivem em um lugar.

O nome dado a ruas, praças e avenidas pode homenagear pessoas, acontecimentos históricos, países, povos indígenas, profissões, etc.

Placa da rua Clara Nunes, no bairro de Madureira, no município do Rio de Janeiro. Foto de 2017.

1 Observe a placa retratada na foto e responda: Quem foi a pessoa homenageada nessa placa de rua?

_____

_____

2 Na parte branca da placa, há uma sequência de números à esquerda do nome do bairro. Esses números formam o código de endereçamento postal (CEP). Ele está em vigor desde maio de 1971 e é usado por serviços, como o dos Correios, para identificar uma rua. Com a ajuda de um familiar, escreva, no caderno, seu endereço completo, incluindo o CEP.

Aprender sempre

1 Completem as frases a seguir com os nomes dos tipos de moradia. Dicas: Observem as ilustrações para completar as frases corretamente. Há palavras que não serão utilizadas.

sítio   palafita   prédio   sobrado   casa térrea   apartamento

a. Ana e a família moram em um _____.

No _____, há uma área de recreação onde todas as crianças que moram lá podem brincar.

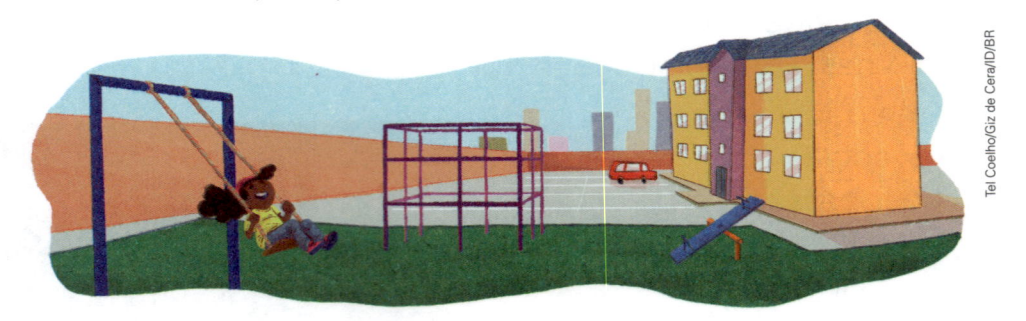

b. A família de Fernando mora em um _____.
Há pomares, hortas e um riacho perto da casa dele.

c. Júlia e Pedro moram com o pai em um _____.
Na rua onde eles moram, há outras casas desse tipo.

2. Você conhece seus vizinhos? Costuma conviver com eles? Marque com um **X** as atividades que você realiza ou gostaria de realizar com eles.

- ☐ Estudar.
- ☐ Brincar.
- ☐ Tomar lanche.
- ☐ Ler um livro.
- ☐ Ouvir música.
- ☐ Ver um filme.
- ☐ Contar piada.

3. Leia o texto a seguir, sobre o direito à moradia, e observe a foto. Depois, responda às questões.

Saber Ser

A moradia adequada foi reconhecida como direito humano em 1948, com a Declaração Universal dos Direitos Humanos, [...] como um dos direitos fundamentais para a vida das pessoas. [...]

O direito à moradia [...] [não] se resume a apenas um teto e quatro paredes, mas ao direito de toda pessoa ter acesso a um lar e a uma comunidade seguros para viver em paz [...].

O que é direito à moradia? Em: Moradia é um direito humano. Disponível em: http://www.direitoamoradia.fau.usp.br/?page_id=46&lang=pt. Acesso em: 15 mar. 2021.

Barracas montadas por pessoas em situação de rua na capital de São Paulo. Foto de 2019.

Aloisio Mauricio/Fotoarena

a. Em sua opinião, por que o direito à moradia é importante?

b. Para você, o que significa viver em uma comunidade segura e em paz?

c. A moradia retratada na foto parece adequada? Por quê?

d. Em sua opinião, o que uma moradia adequada deve ter?

PADARIA

FARMÁCIA

PAPELARIA

ESCOLA

ESCOLA

88

CAPÍTULO 8

Convivendo com a vizinhança

O convívio com as pessoas da vizinhança é diferente do convívio que temos com nossa família.

Para começo de conversa

1. Que semelhanças e diferenças você percebe entre a vizinhança de Flora e a vizinhança do lugar onde você mora?

2. Nessa cena, algum morador está desrespeitando os vizinhos? Em caso afirmativo, responda: O que ele está fazendo de errado?

3. Há moradores realizando atividades que beneficiam os vizinhos? Em caso afirmativo, quem são esses moradores? O que eles estão fazendo?

4. Em sua opinião, como é uma boa vizinhança? Que características ela precisa ter para que todos os moradores possam ter qualidade de vida?

Saber Ser

◀ Foto de Flora observando ilustração da vizinhança dela.

oitenta e nove

Cada vizinhança é de um jeito

Muitas vizinhanças estão organizadas em bairros.

Nos bairros, podemos encontrar casas, escolas, igrejas, hospitais, bancos, farmácias, padarias, mercados, lojas, fábricas, restaurantes, sorveterias e muitos outros elementos.

Mas todos os bairros são iguais? E em todos eles encontramos tudo isso? Veja as fotos a seguir.

1. Observe novamente as fotos e leia as frases a seguir. Depois, escreva a letra de cada foto ao lado da frase correspondente.

☐ Lojas em uma rua de Florianópolis, Santa Catarina, 2019.

☐ Prédios em rua arborizada do Recife, Pernambuco, 2018.

☐ Moradias em frente a uma praça em Barra, na Bahia, 2019.

☐ Rua de vila rural em Padre Paraíso, Minas Gerais, 2018.

Conhecendo os vizinhos

Quando se vive algum tempo em um bairro, é comum conhecer alguns vizinhos. Nas grandes cidades, isso nem sempre é possível, mas é importante que os cidadãos se esforcem para construir uma vizinhança que esteja pronta para ajudar o próximo.

Conheça um exemplo no texto a seguir.

[...] Vizinhos de condomínios em várias cidades do país descobriram que a união é a maneira mais fácil de enfrentar esse período, especialmente difícil para os idosos que vivem sozinhos. Ações de solidariedade começaram com bilhetinhos pregados nos elevadores, oferecendo ajuda para compras e outros serviços para os mais velhos, e logo se transformaram em grandes correntes do bem.

[...]

O que os une, agora, além do espaço físico do condomínio, é a vontade de transformar esse período de quarentena e o combate ao novo coronavírus em uma prova de amor e solidariedade entre vizinhos.

Vidas em condomínio. *Estadão*, 12 abr. 2020. Disponível em: https://www.estadao.com.br/infograficos/saude,vidas-em-condominio,1087903. Acesso em: 12 maio 2021.

novo coronavírus: causador da covid-19, uma doença respiratória que pode levar à morte, especialmente as pessoas idosas.

quarentena: período, originalmente de quarenta dias, de isolamento de pessoas e animais pelo período máximo de incubação de uma doença, como a covid-19.

> Queridos vizinhos mais velhos,
>
> Caso precisem de algo da rua, me avisem e busco para vocês! Assim, vocês não precisam se arriscar. Fiquem em casa!
>
> Valentina, apartamento 106.

▲ Exemplo de bilhete deixado por moradores de diversos condomínios e bairros durante a pandemia do coronavírus.

2 Por que as pessoas resolveram oferecer ajuda especialmente aos idosos? Explique para a turma.

3 Em sua vizinhança, as pessoas se ajudaram durante a pandemia de covid-19? Se sim, como foi essa experiência?

4 Imagine que você recebeu um bilhete de um vizinho e a mensagem deixou você muito feliz. O que estaria escrito nesse bilhete? Anote no caderno e depois leia para a turma.

Serviços públicos: ontem e hoje

É importante que a vizinhança tenha energia elétrica, água encanada, **rede de esgoto**, coleta de lixo, serviços de correio e segurança, etc. Mas será que esses serviços sempre existiram?

Serviços públicos no passado

Há pouco mais de cem anos, na maioria dos municípios do Brasil, poucas ruas eram **pavimentadas** e não havia água encanada, rede de esgoto ou distribuição de energia elétrica. Além disso, o transporte público ficava concentrado no centro das cidades.

rede de esgoto: sistema de canos que leva a água usada nas moradias até um lugar de tratamento para não poluir a natureza. Porém, em muitos lugares do Brasil, isso ainda não acontece e o esgoto é jogado sem tratamento em rios ou no mar.

pavimentado: coberto por um revestimento, como o asfalto, para a circulação de pessoas e de veículos.

1 Observe as imagens a seguir e responda às questões no caderno.

▲ Henry Chamberlain. *Pretos de ganho*, cerca de 1820. Gravura. Para ter água em casa, era necessário buscá-la em fontes construídas nas cidades, conhecidas como chafarizes. Muitas vezes, os escravizados eram mandados a esses lugares para buscar água em grandes barris, chamados de pipas.

▲ Antigamente, os lampiões eram as fontes de iluminação pública no Brasil. Eles eram acesos e apagados, um a um, pelo acendedor de lampiões. Foto de cerca de 1900.

a. Quais serviços públicos estão representados nas imagens?

b. Como esses serviços eram realizados?

Serviços públicos no presente

Atualmente, muitas vizinhanças brasileiras contam com importantes serviços públicos, como iluminação, distribuição de água encanada e de luz elétrica, rede de esgoto, postos de saúde, escolas, etc.

Além desses serviços, há algumas inovações, como a **coleta seletiva de lixo**. Porém, essa não é a realidade de todos os municípios do Brasil.

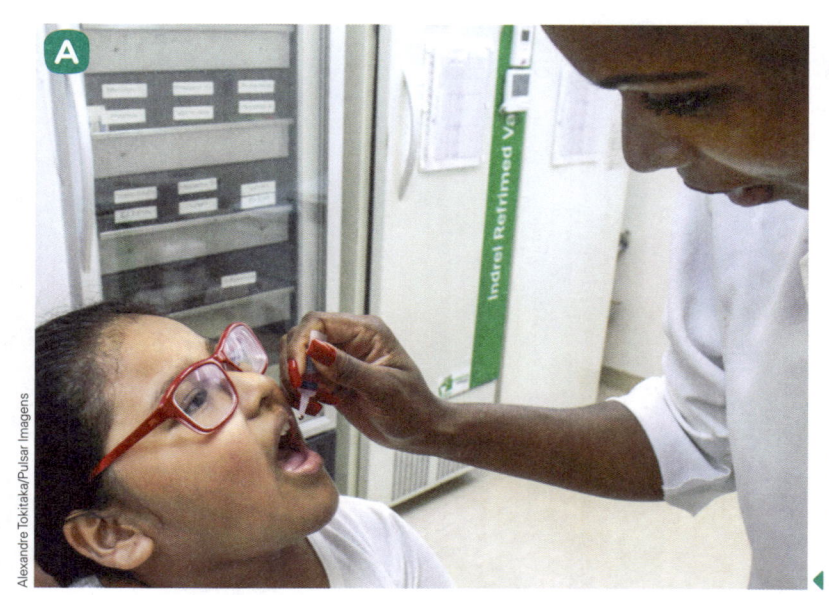

coleta seletiva de lixo: serviço de coleta de lixo em que materiais podem ser reaproveitados, sendo recolhidos separadamente, de acordo com o tipo, para serem reciclados.

despejado: jogado no lixo.

Vacinação de criança em posto de saúde na capital de São Paulo. Foto de 2020. O sistema público de saúde oferece atendimento para pessoas de todas as idades.

Trabalhadores separando materiais recicláveis em São José dos Campos, São Paulo. Foto de 2015. A coleta seletiva de lixo é muito importante para preservar o meio ambiente, pois diminui a quantidade de lixo **despejada** nos aterros.

2. No município onde você mora, há serviços como os mostrados nas fotos **A** e **B**? Que profissionais trabalham nessas atividades? Com a ajuda de um familiar, faça uma pesquisa para descobrir e anote as informações no caderno.

3. Em sua opinião, esses serviços são importantes? Por quê?

Vamos ler imagens!

Pintura e foto: Vila Rica e Ouro Preto

Como você já estudou, as legendas ajudam a compreender melhor as imagens que observamos. As legendas apresentam, por exemplo, informações sobre o local retratado.

Observe a imagem **A** e leia a legenda dela.

▲ Detalhe da obra *Vista de Vila Rica*, de Arnaud Julien Pallière, de 1820. Óleo sobre tela.

A pintura mostra parte da vizinhança de Vila Rica há cerca de duzentos anos. Essa vila deu origem ao atual município de Ouro Preto, em Minas Gerais.

Agora é a sua vez

1 Na década de 1820, que tipos de construção havia na vizinhança de Vila Rica? Marque com um **X**.

☐ igrejas ☐ supermercados

☐ sobrados ☐ casas térreas

☐ prédios com apartamentos ☐ palafitas

94 noventa e quatro

2 Pinte as informações da legenda da imagem **A** com as seguintes cores:

🟨 Nome do autor   🟦 Data em que foi feita

🟩 Título da obra   🟥 Técnica de pintura

- Por meio de qual informação da legenda é possível saber que a imagem retrata Vila Rica?

_____

3 Observe a imagem **B** e leia a legenda dela.

▲ Vista de Ouro Preto, Minas Gerais. Foto de 2016.

a. Que local é retratado na imagem?

_____

b. Qual é a técnica usada nessa imagem? Contorne o quadro com o nome da técnica correta.

| Pintura | Foto | Gravura |

c. Em sua opinião, que semelhanças e diferenças há entre a pintura de 1820 e a foto de 2016? Qual das duas técnicas você prefere? Por quê?

Aprender sempre

1 Leiam a tira e respondam às questões.

— ARMANDINHO!
— ESQUECEU DOS VIZINHOS?!
— CLARO QUE NÃO!
— ATÉ AUMENTEI PRA ELES OUVIREM!

Alexandre Beck. *Armandinho Três*. Curitiba: Arte & Letras, 2016. p. 6.

a. O que Armandinho está fazendo? Na opinião de vocês, essa atitude pode incomodar os vizinhos? Por quê?

b. Imaginem que vocês são vizinhos de Armandinho. O que vocês fariam nessa situação?

2 Carlitos, Camila e Alex moram em uma vizinhança onde há um terreno abandonado. Leia a história deles a seguir.

> O tempo passou e o [...] terreno foi ficando cheio de lixo [...].
> Carlitos, Camila e Alex não se conformaram. Lá de cima, olhavam pro terreno [...] e pensavam numa solução. Uma tarde, Carlitos disse:
> – Será que nós mesmos não podemos fazer um parque?
> – Você tá louco! Isso é muito difícil!
> – Mas se todos ajudarem, talvez...
> Era uma ideia louca. [...] As crianças a contaram aos seus amigos, aos seus irmãos mais velhos e às suas mães [...].
> Com o tempo, mais e mais pessoas falavam no assunto.
>
> Kurusa. *A rua é livre*. Ilustrações de Monika Doppert. São Paulo: Callis, 2002. p. 41 e 43.

a. Qual foi a solução sugerida por Carlitos para resolver o problema do terreno abandonado?

b. Como você acha que essa história termina? Com a orientação do professor, você e a turma vão criar um final feliz para ela.

3 Em muitas vizinhanças, há pessoas que enfrentam dificuldades para circular pelos espaços. Observe as ilustrações e ligue a necessidade de cada pessoa a uma solução.

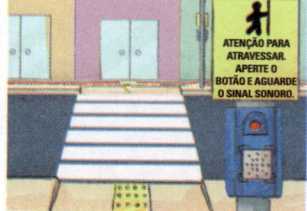

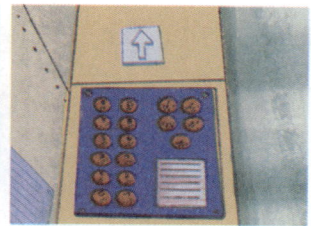

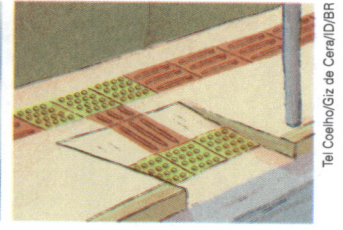

▲ Rampa de acesso.   ▲ Sinalizador sonoro.   ▲ Botões com números em braile.   ▲ Guia rebaixada.

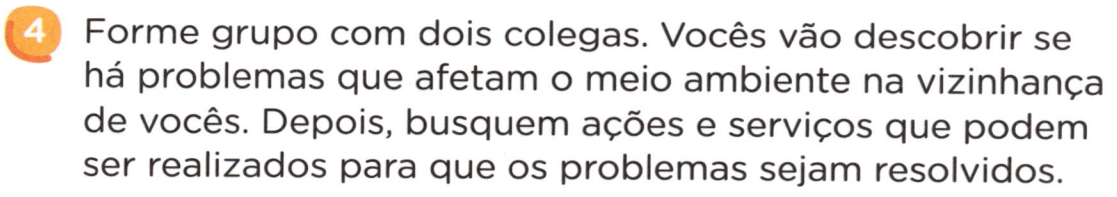

4 Forme grupo com dois colegas. Vocês vão descobrir se há problemas que afetam o meio ambiente na vizinhança de vocês. Depois, busquem ações e serviços que podem ser realizados para que os problemas sejam resolvidos.

- Perguntem às pessoas mais velhas das famílias de vocês se elas reconhecem problemas desse tipo. Busquem também informações em jornais e revistas do município.

- Escolham uma das questões ambientais identificadas e, com a orientação do professor, pesquisem as seguintes informações: onde ela ocorre, quais são seus impactos no meio ambiente, quais profissionais poderiam trabalhar para solucioná-la e como a população poderia contribuir para resolvê-la.

- Registrem essas informações no caderno. Em uma data combinada com professor, vocês vão compartilhar os resultados da pesquisa com os colegas e ouvir os problemas ambientais e as soluções pesquisadas pelos outros grupos.

noventa e sete

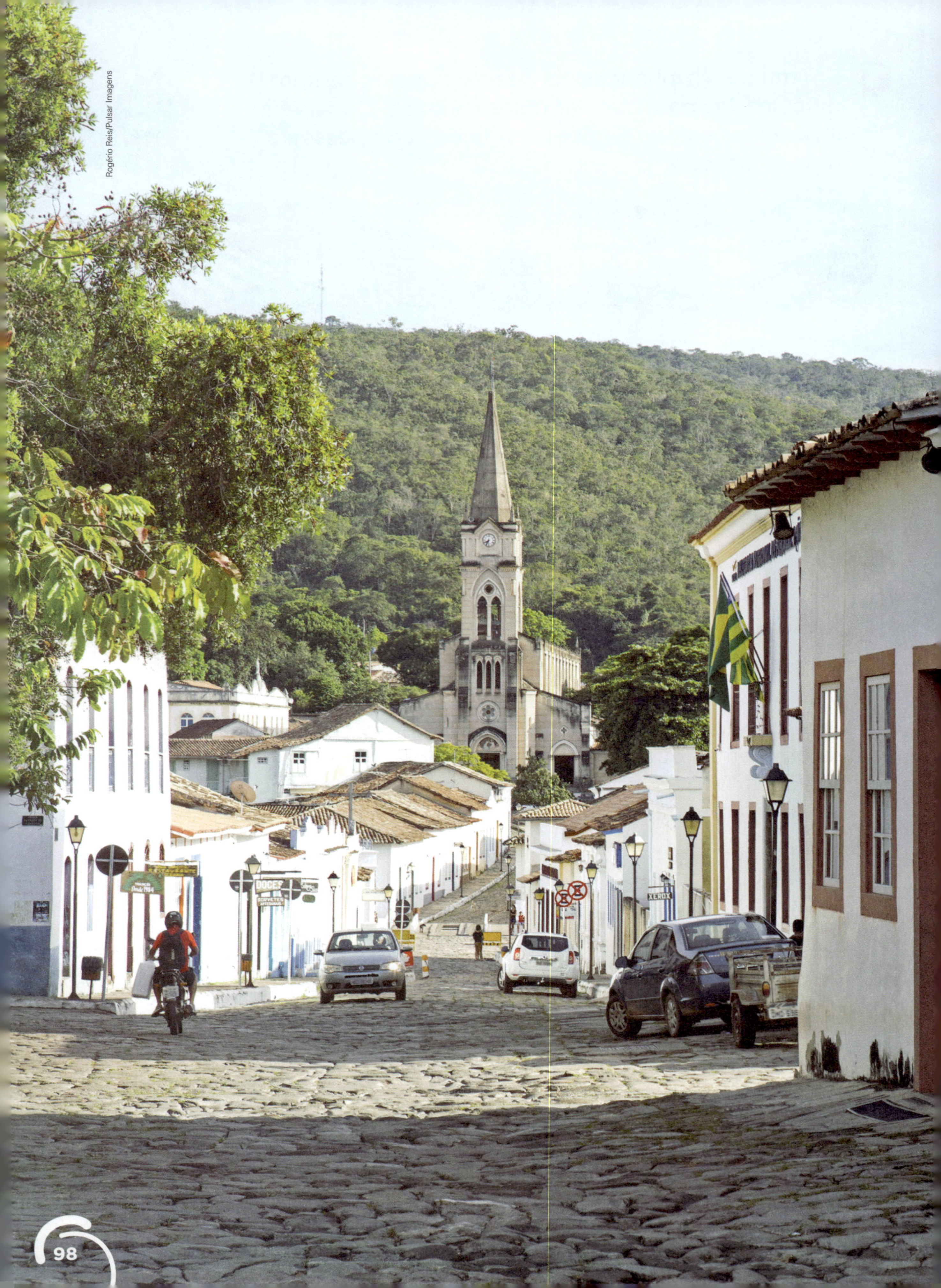

Rogério Reis/Pulsar Imagens

CAPÍTULO 9

Os bairros também têm história

Os bairros mudam ao longo do tempo. Algumas construções são reformadas, outras são demolidas e, no lugar delas, novas construções são feitas.

Mas existem construções que permanecem quase do jeito que sempre foram. Essas construções nos ajudam a ter uma ideia de como era o bairro no passado.

Para começo de conversa

1. O local da foto parece ser do presente ou parece ser de muitos anos atrás? Que elementos ajudaram você a chegar a essa conclusão?

2. Você conhece alguma construção no bairro ou no município onde você mora que parece ser de muito tempo atrás? Se sim, qual?

3. Em sua opinião, quais são as construções de um bairro que deveriam ser preservadas? Por quê?

Saber Ser

◀ Rua Dom Cândido, no município de Goiás, no estado de mesmo nome. Foto de 2018.

Como surgem os bairros

Cada bairro tem sua história. E essa história, muitas vezes, está associada ao nome do bairro.

Há mais de duzentos anos, na praça principal de algumas vilas e cidades, havia uma coluna de madeira ou de pedra chamada pelourinho. Nela, avisos eram afixados e trabalhadores escravizados eram castigados.

Na Bahia, por exemplo, o pelourinho deu origem ao nome de um bairro localizado no centro antigo de Salvador.

▲ Pelourinho, em Salvador, Bahia. Foto de cerca de 1860.

▲ O mesmo local em foto de 2019.

1. Pinte de **vermelho** os quadrinhos referentes aos elementos que aparecem somente na foto **B**. Pinte de **amarelo** os quadrinhos referentes aos elementos que aparecem nas fotos **A** e **B**.

☐ placas de comércio ☐ sobrados

☐ automóveis ☐ pessoas

☐ igrejas ☐ rua

Os bairros se transformam

Em alguns bairros, as mudanças ocorrem mais rapidamente. Em outros, as mudanças podem ser lentas, difíceis de ser notadas. Nos dois casos, as transformações podem ser percebidas na paisagem, nos costumes das pessoas e no ritmo de vida delas.

Há também os bairros que são o núcleo de origem de algumas cidades. Neles, surgiram as primeiras construções e as primeiras ruas e se instalaram os primeiros moradores do local. Nesses bairros, as construções antigas que ainda existem são registros da história. Essas construções podem fazer parte do **patrimônio histórico**, ou seja, do conjunto de bens que, por seu valor histórico, devem ser preservados e protegidos. Quando um bem é oficialmente reconhecido como parte de um patrimônio, é comum dizer que ele foi **tombado**.

Praça dos Martírios, em Maceió, Alagoas. À direita, a igreja Senhor do Bom Jesus dos Martírios. Foto de 1909.

1. A foto desta página mostra que local? Ela é antiga ou atual?

2. Como será que está esse lugar atualmente? Com a orientação do professor, procurem uma foto mais recente dessa praça e observem o que mudou e o que permaneceu.

3. Com a ajuda de um familiar, pesquise em publicações impressas ou digitais a origem do bairro mais próximo de vocês e procure saber quais são as construções históricas que existem nesse bairro. Anote as informações no caderno.

Objetos e memória

As memórias de um lugar também podem ser investigadas por meio de elementos que não são encontrados nas paisagens. Objetos como pinturas, fotos, esculturas, mapas e móveis ajudam a contar a história de uma vizinhança, de um município e até de um país.

Vários desses documentos históricos podem ser encontrados em **museus**, onde são conservados, estudados e expostos para a visita do público.

Representação sem proporção de tamanho entre os elementos.

◀ Cômoda feita cerca de duzentos anos atrás.

▲ Ingresso para um baile de 1889.

▲ Ferros de passar roupa de cerca de 1850.

Detalhe da obra *Largo do paço*, de Luigi Stallone, 1865. Óleo sobre tela. A obra representa uma parte do município do Rio de Janeiro no passado. ▶

4 Você já visitou um museu? Se sim, como foi a experiência?

5 Escolha uma das imagens acima e descreva-a para um colega. Ele deve adivinhar qual imagem você escolheu. Depois, você vai tentar acertar a imagem escolhida por ele.

Registros

Porto Velho e a ferrovia

O município de Porto Velho é a atual capital do estado de Rondônia. Porto Velho foi fundado em 1907, durante a construção da **Estrada de Ferro Madeira-Mamoré**. Essa ferrovia tinha 366 quilômetros de extensão e foi construída na floresta Amazônica. Ela era usada para levar a matéria-prima da borracha (o látex, extraído das seringueiras amazônicas) até os portos.

Durante a sua construção, muitas pessoas se mudaram para a região, formando vilas operárias que serviam de base de operações à empresa construtora da ferrovia. A estrada de ferro foi desativada em 1972 e, em 2005, ela foi tombada como patrimônio histórico nacional. Hoje, o local abriga o **Museu Ferroviário Madeira-Mamoré**, onde é possível conhecer objetos e máquinas usados no transporte ferroviário e também a antiga estação. Observe as fotos.

▲ Estação inicial da Estrada de Ferro Madeira-Mamoré, em Porto Velho, Rondônia. Foto da década de 1910.

▲ Locomotiva no Museu Ferroviário Madeira-Mamoré, em Porto Velho, Rondônia. Foto de 2017.

1 Agora, converse com a turma sobre as questões a seguir.

   a. Qual é a relação entre o município de Porto Velho e a Ferrovia Madeira-Mamoré?

   b. Em sua opinião, por que a ferrovia Madeira-Mamoré foi tombada como patrimônio histórico?

2 No município onde você mora, existe algum marco histórico como a Ferrovia Madeira-Mamoré em Porto Velho? Se não souber a resposta, pergunte a um adulto responsável por você e faça anotações no caderno.

Pessoas e lugares

A vizinhança do bairro das Graças e o Jardim do Baobá

Em sua vizinhança, há espaços de lazer, isto é, áreas onde a comunidade pode se divertir, como parques e praças?

Em 2016, a vizinhança do bairro das Graças, no Recife, Pernambuco, conquistou um importante espaço desse tipo. Trata-se do Jardim do **Baobá**, um parque que fica às margens do rio Capibaribe.

Ele recebeu esse nome por causa do baobá que está no local há mais de cem anos. A árvore é tão importante para o município do Recife que foi tombada como patrimônio em 1988.

O Jardim do Baobá possui mesas para piqueniques coletivos e oferece passeios de barco pelo rio Capibaribe, além de contar com muitos espaços para as famílias se divertirem em contato com a natureza.

Baobá: árvore gigantesca, de tronco grosso e de origem africana. Em muitos países da África, ela é considerada sagrada. Entre alguns povos africanos, era costume se reunir debaixo de um baobá para contar histórias. No Recife, há outros doze baobás tombados. De acordo com o calendário municipal, em 19 de junho comemora-se o Dia do Baobá.

▲ Em vários pontos do parque Jardim do Baobá há mesas que ficam à sombra das árvores. Muitas famílias aproveitam esses locais para compartilhar refeições e se divertir. Foto de 2016.

▲ Nos fins de semana, as pessoas que visitam o Jardim do Baobá podem passear de barco pelo rio Capibaribe. Foto de 2016.

▲ Baobá do bairro das Graças, no Recife, Pernambuco. A árvore tem 15 metros de altura e suas folhas e seus galhos projetam no chão uma sombra de até 10 metros. Foto de 2019.

1. No município onde você mora, há árvores em parques e nas ruas? Você sabe os nomes delas? Pergunte aos adultos que cuidam de você e anote suas descobertas no caderno.

2. Em sua opinião, qual é a importância de preservar as árvores da vizinhança, do ponto de vista ambiental?

3. Que outros espaços de lazer uma vizinhança pode ter? Quais desses espaços você conhece?

cento e cinco **105**

Aprender sempre

1 As imagens mostram o centro de Porto Alegre, no Rio Grande do Sul, em diferentes épocas. Compare-as e responda:

   a. O que se manteve nas três imagens?

   _____
   _____
   _____
   _____
   _____
   _____

▲ Cartão-postal de 1903.

   b. Na foto **C**, o que representa o passado? E o presente?

   _____
   _____
   _____
   _____
   _____
   _____

▲ Cartão-postal de 1910.

▲ Foto de 2018.

2 Agora, reflita sobre patrimônio histórico.

   a. O que aconteceu com o prédio principal que aparece nas fotos de Porto Alegre?

   b. Em sua opinião, quais são as consequências da falta de preservação de construções e objetos antigos para o estudo da história de um município?

Saber Ser

3 Leia esta tira da personagem Armandinho:

> ESSE PRÉDIO ANTIGO DA PREFEITURA VAI SER TOMBADO!
>
> MAS QUE PENA...
>
> ELE É TÃO BONITO...

Alexandre Beck. Armandinho. *Diário Catarinense*, 9 jan. 2017.

- Nessa tira, Armandinho não entendeu corretamente o que significa "tombar" um prédio antigo. Como você explicaria isso a ele?

4 Você conhece as construções mais antigas do município onde mora? Quando elas foram construídas? Elas estão preservadas? Siga as etapas listadas para descobrir.

- Faça essas perguntas aos adultos que moram com você. Depois, com a ajuda deles, realize uma pesquisa em jornais e revistas do município ou no *site* da prefeitura, buscando informações sobre esse tema.

- Anote as informações no caderno.

- Escolha a construção antiga de que você mais gostou. Destaque a ficha da página 149 e, no local indicado, cole uma imagem da construção que você escolheu. Pode ser um desenho, uma foto de jornal, etc. Na ficha, anote o nome dessa construção, a data aproximada de quando ela foi feita e a data da imagem.

- Em uma data combinada, mostre aos colegas a ficha que você produziu e compartilhe com eles as informações sobre a construção escolhida.

cento e sete **107**

NOSSA ESCOLA 1920

CAPÍTULO 10

A comunidade escolar

As escolas estão presentes em muitas vizinhanças.

Os funcionários da escola, os estudantes, os professores e as famílias dos estudantes fazem parte da comunidade escolar.

Para começo de conversa

1. Quais integrantes da comunidade escolar estão representados nessa cena? Onde eles estão e o que estão fazendo?

2. Observe os objetos retratados na ilustração e responda: Essa escola existia há cem anos? Que objeto você indicaria para comprovar sua resposta?

3. Essa cena mostra situações que não deveriam ocorrer na sala de aula. Quais são elas? Como você agiria nessa sala de aula?

Saber Ser

◀ Turma do 2º ano do Ensino Fundamental durante aula com a professora Sara.

A escola é direito de todos

Todos os brasileiros e brasileiras, de qualquer parte do país, têm o direito de frequentar a escola. Esse direito é garantido no Brasil, desde 1934, pela **Constituição**.

Atualmente, é dever do governo criar e manter escolas e garantir vagas para todas as crianças. E é responsabilidade dos adultos das famílias matricular as crianças nas escolas e enviá-las às aulas.

Constituição: principal conjunto de leis do país.

Estudante com deficiência física durante aula na Escola Municipal Nossa Senhora Aparecida, em Caraí, Minas Gerais. Note que a mesa tem apoio para os dois braços, facilitando a atividade de escrita do estudante. Foto de 2018.

1. Em sua vizinhança, todas as crianças frequentam a escola? Em caso negativo, responda: Você conhece essas crianças que não vão à escola? Sabe por que elas não podem ir?

2. Em sua opinião, é importante ir à escola? Por quê? Escreva uma frase sobre isso. Depois, leia sua frase para a turma e ouça as frases dos colegas.

Os funcionários da escola

Nas escolas como a sua, não há apenas estudantes e professores. Para que a escola funcione, há muitas pessoas trabalhando.

As fotos a seguir mostram algumas delas.

Na Escola Municipal Rural Aníbal Félix da Gama, em Umburanas, Bahia, a comida dos estudantes é preparada por merendeiras. Em alguns lugares do Brasil, essas profissionais são chamadas de cozinheiras ou de cantineiras. Foto de 2019.

▲ Os diretores e os coordenadores pedagógicos são responsáveis por administrar as escolas, organizando estudantes, professores e demais funcionários, para que tudo corra bem durante as aulas. Na foto, diretores, coordenadores pedagógicos e professores participam de um curso em Cerro Corá, Rio Grande do Norte. Foto de 2019.

▲ Na secretaria da escola, trabalham os profissionais responsáveis por organizar toda a documentação da comunidade escolar. Geralmente, eles são chamados de secretários. Na foto, secretário de uma escola pública do município de São Paulo realiza atendimento a uma pessoa da comunidade escolar. Foto de 2015.

1 Na escola onde você estuda, há funcionários como os mostrados nas imagens? Em caso afirmativo, quais são os nomes do cargo deles?

2 Além desses funcionários, há outros profissionais que trabalham na escola? Qual é a importância do trabalho deles para o dia a dia na escola? O que eles fazem enquanto vocês estão estudando?

As famílias na escola

As famílias dos estudantes também fazem parte da comunidade escolar. Há lugares em que as famílias que moram na vizinhança das escolas também participam das atividades escolares.

Os adultos das famílias que têm crianças na escola participam de reuniões com os professores para acompanhar o desenvolvimento dos estudantes. Também podem participar das comemorações realizadas pela escola e ajudar em excursões e em outras atividades.

Há casos em que as famílias se organizam em **associações de pais e responsáveis**.

▲ Reunião da Associação de Pais e Mestres (APM) em escola pública do município de São Paulo. Foto de 1980. Ainda hoje, é comum a organização de grupos desse tipo, formados por pais e professores.

▲ Nessa escola do município de Presidente Prudente, em São Paulo, ocorrem muitos eventos em que familiares e estudantes leem juntos. Foto de 2019.

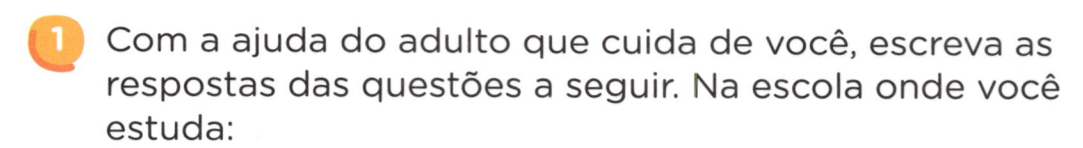

1 Com a ajuda do adulto que cuida de você, escreva as respostas das questões a seguir. Na escola onde você estuda:

a. há atividades que possibilitam a participação das famílias? Em caso afirmativo, dê exemplos.

b. há algum tipo de associação de pais e responsáveis? Em caso afirmativo, anote o nome dessa associação.

As primeiras escolas

Será que as escolas sempre foram do modo como são atualmente?

Há cerca de 2500 anos já havia escolas entre os gregos antigos.

Esse povo surgiu na Europa, em áreas ao redor do mar Mediterrâneo. Com o passar do tempo, os gregos expandiram seus territórios e influenciaram diversas culturas, como a portuguesa, que, tempos depois, influenciou a cultura brasileira.

Nas escolas da Grécia Antiga, a idade dos estudantes variava e havia adultos também. Os alunos aprendiam a ler e a escrever, a calcular e a falar em público. O estudo de música e a prática de esportes também faziam parte das atividades na escola.

▲ Pintura em vaso grego antigo feito há quase 2500 anos.

1. Observe o vaso retratado na foto. Depois, responda:

   a. Esse vaso é novo ou é antigo? Quando ele foi feito?

   b. A pintura do vaso mostra uma cena escolar. Que pistas dessa imagem você usaria para comprovar essa frase?

   c. Em sua opinião, o que está sendo ensinado na cena retratada? Você gostaria de participar de aulas como essas?

Alguns estudantes e professores do passado

Na Grécia Antiga, eram os **sábios** que educavam as crianças e os jovens. Já por volta de 1300, em boa parte da Europa, as aulas eram dadas pelos padres. No Brasil, foram os **jesuítas** que fundaram as primeiras escolas. Eles chegaram em 1549 para ensinar aos indígenas os costumes, a língua e a religião dos europeus.

Em 1759, o governo português fechou as escolas dos jesuítas. Outras pessoas passaram a dar aulas, muitas vezes na casa da família do estudante.

Há quase duzentos anos, o ensino no Brasil passou a ser responsabilidade do governo, e, a partir dos anos 1930, o ensino gratuito tornou-se obrigatório. Ainda assim, poucas crianças pobres frequentavam as escolas.

> **Sábio:** na Grécia Antiga, pessoa com muitos conhecimentos em diversos assuntos.
>
> **Jesuíta:** padre da Companhia de Jesus, grupo religioso da Igreja católica.

A Crianças e adolescentes voltando do trabalho em Sorocaba, São Paulo. Foto de 1952.

B Professora (no centro) em aula na fazenda Pau Grande, na província do Rio de Janeiro. Foto de 1860.

1 Numere esses acontecimentos do mais antigo (1) para o mais recente (3).

☐ Por volta de duzentos anos atrás, o ensino se tornou responsabilidade do governo, mas nem todas as crianças tinham acesso à educação.

☐ Em 1549, os jesuítas chegaram ao Brasil para ensinar aos indígenas a língua, a religião e os costumes europeus.

☐ Em 1759, as escolas dos jesuítas foram fechadas.

2 A foto **A** mostra crianças trabalhadoras, que tinham direito ao ensino gratuito e obrigatório. Em sua opinião, essas crianças iam a escola? Levante hipóteses.

Registros

Objetos escolares

Os objetos escolares também podem ser documentos históricos. Eles ajudam a contar o cotidiano das escolas na época em que eram utilizados.

Conheça alguns desses objetos usados no Brasil durante a década de 1960.

Representação sem proporção de tamanho entre os elementos.

A

▲ Nessa época, as **canetas-tinteiro** eram muito utilizadas. O revestimento era de madeira e a parte interna, chamada de pena, era de metal e tinha de ser molhada na tinta.

B

◄ A **tinta nanquim** era a mais usada nas escolas. Durante a escrita, havia o risco de a caneta expelir mais tinta do que o necessário, borrando o papel.

C

▲ O **mata-borrão** era utilizado para absorver a tinta em excesso.

D

▲ As **carteiras** e as **cadeiras** também eram diferentes. No apoio da mesa, era comum haver um espaço para o frasco de tinta.

1 Com a ajuda do adulto que cuida de você:

   a. Contorne os objetos que você já conhecia.

   b. Associe os objetos do passado aos objetos atuais a seguir.

cento e quinze **115**

Aprender sempre

1. Leia o texto a seguir, sobre os direitos das crianças.

[...]
O Estatuto da Criança e do Adolescente é a lei que garante a proteção integral à criança e ao adolescente. Ela considera criança a pessoa com até 12 anos incompletos, e adolescente aquela entre 12 e 18 anos. Apenas em casos excepcionais essa lei se aplica às pessoas entre 18 e 21 anos.

De acordo como o ECA, todas as crianças e adolescentes têm os seguintes direitos fundamentais: à vida e à saúde, à liberdade, ao respeito e à dignidade, à convivência familiar e comunitária, à educação, à cultura, ao esporte e ao lazer, à profissionalização e à proteção no trabalho.

13 de Julho: aniversário do ECA. Turminha do MPF – Ministério Público Federal. Disponível em: http://turminha.mpf.mp.br/explore/direitos-das-criancas/20-anos-do-eca/eca-aniversario. Acesso em: 17 maio 2021.

- Os direitos das crianças são sempre respeitados? Explique sua resposta com exemplos.

2. Infelizmente, nem todas as crianças do Brasil frequentam a escola. O que você pensa a respeito disso? Quais são as consequências de uma criança não frequentar a escola? Como essa situação poderia ser resolvida?

Saber Ser

3 Vocês vão conhecer melhor a escola onde estudam.

a. Com a orientação do professor, conversem com os funcionários da escola para completar a ficha abaixo.

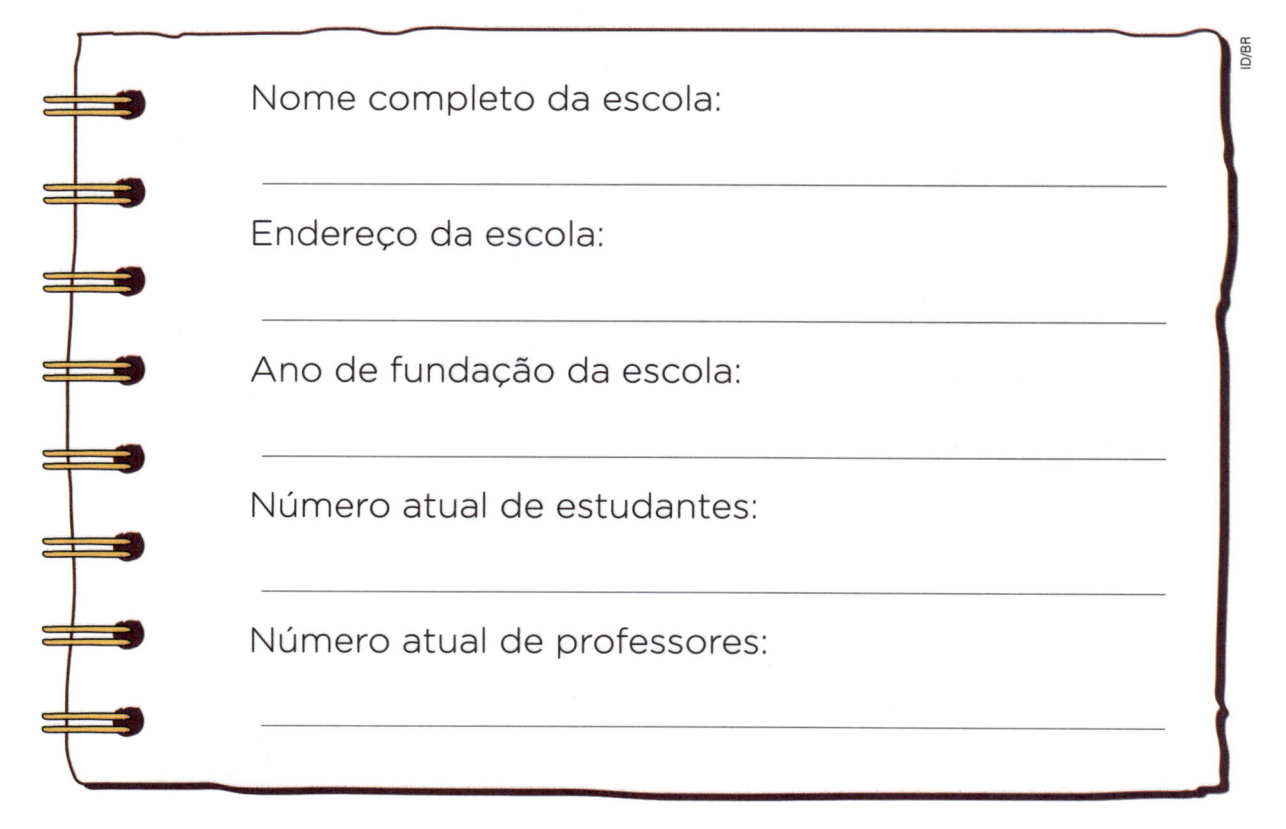

> Nome completo da escola:
>
> _____
>
> Endereço da escola:
>
> _____
>
> Ano de fundação da escola:
>
> _____
>
> Número atual de estudantes:
>
> _____
>
> Número atual de professores:
>
> _____

b. Como era a escola no passado? Na biblioteca ou na secretaria da escola, pesquisem imagens antigas da escola onde vocês estudam. Anotem a data de cada imagem. Se não for possível fazer cópias das imagens, observem cada uma e façam um desenho delas, em uma folha avulsa, representando a escola no passado.

- Afixem as imagens no mural da sala de aula e observem as imagens que as outras duplas trouxeram. Compartilhem os resultados da pesquisa em uma roda de conversa.

4 Chegar a uma nova escola, onde não conhecemos ninguém, pode provocar alguns sentimentos.

Saber Ser

a. Você se lembra de seu primeiro dia de aula? Como se sentiu? Você conversou com algum colega?

b. Imagine que um novo estudante, que não conhece ninguém, começou a estudar em sua sala. Você faria algo para ajudá-lo a se enturmar? O quê?

118

CAPÍTULO 11

A convivência na escola

Na escola, convivemos com muitas pessoas, e cada pessoa tem seu jeito de ser e de pensar.

Para começo de conversa

1. A cena mostra o momento em que crianças estão chegando à escola. A chegada à escola onde você estuda é parecida ou diferente? Conte como é.

2. Observando a ilustração, você pode dizer que o ambiente dessa escola é agradável? Quais são os elementos que ajudaram você a chegar a essa conclusão?

3. Na escola, assim como em outros locais de convívio, é importante usar sempre as expressões "por favor" e "obrigado". Você costuma usar essas expressões no dia a dia? Em sua opinião, de que modo isso colabora para que o ambiente escolar seja bom?

Saber Ser

◂ Ilustração que mostra o momento da entrada da turma do 2º ano.

cento e dezenove **119**

Colegas de turma

Como você viu, o primeiro grupo do qual fazemos parte é a família. Depois, descobrimos que há famílias que moram perto da nossa casa e que também fazemos parte da vizinhança. Ao frequentarmos a escola, entramos para um novo grupo: o da comunidade escolar. Colegas de turma, professores e funcionários da escola são pessoas com quem passamos a conviver.

Acompanhe a leitura do texto sobre o dia a dia na escola.

Na escola a gente vai para aprender. Mas, principalmente, a gente vai para aprender a pensar. [...]

Alguns de nós, que sabem escrever, escrevem. Os outros desenham. [...]

Depois, a gente conversa na roda e cada um diz o que viu e o que anotou. [...]

E a gente também aprende números [...].

[...] E na escola a gente aprende que é muito bom ter amigos. [...]

Ruth Rocha. *A escola do Marcelo*. São Paulo: Salamandra, 2001. p. 4-14 (Série Marcelo, Marmelo, Martelo).

1. O seu dia a dia na escola é parecido com o que você leu no texto? Como é seu cotidiano escolar?

2. Do que você mais gosta na escola? Por quê?

3. E do que você menos gosta? Por quê?

4. De acordo com o texto, na escola aprendemos os números, a pensar e a escrever. Mas não é só isso, não é mesmo? O que mais você aprende na escola?

Na sala de aula

Na maior parte do tempo em que está na escola, você convive com os colegas da sala de aula. Cada um deles tem gostos, opiniões, vontades, atitudes e comportamentos próprios.

Porém, o que cada colega faz na sala de aula, como se comporta e como participa das atividades, pode contribuir para o aprendizado de todos ou pode atrapalhar esse aprendizado.

Observe e acompanhe a leitura da tira a seguir.

Bill Watterson. *Calvin & Haroldo*, 1986.

5 Agora, responda às questões.

a. Qual é a situação retratada na tira?

b. Em sua opinião, a atitude de Calvin é correta? Por quê?

c. Você sabe os resultados das operações que Calvin deveria fazer individualmente? Tente resolvê-las.

6 Na sala de aula, os estudantes são diferentes uns dos outros. Mas, juntos, formam um grupo único. Conte sua opinião sobre as questões a seguir.

a. Qual deve ser o objetivo dos estudantes em uma sala de aula?

b. O que é preciso para que esse objetivo seja alcançado?

c. Ao realizar trabalhos em grupo, é importante dividir as tarefas?

Todos merecem respeito

O texto a seguir é sobre uma situação que ocorreu em uma sala de aula. Acompanhe a leitura do professor e observe se as atitudes das pessoas contribuíram ou não para a convivência escolar saudável.

A Laura, que é a professora, pediu pra gente desenhar os melhores amigos. Eu desenhei: o André jogando bola, a Paula brincando na areia, a Lucinha na gangorra e eu tirando foto dela. Todo mundo do mesmo tamanho.

Mas a Lucinha ficou irada. Correu para minha mesa, pegou meu desenho, rabiscou inteiro, depois rasgou, picou e jogou no lixo. Isso porque, no desenho dela, eu era a principal. E, no desenho do André, a Paula era a principal. E, no desenho da Paula, a principal era ela mesma. A Laura tinha saído pra pegar tinta. Toda a classe veio me defender.

O André berrou, a Paula empurrou a Lucinha, que caiu perto do armário onde ficam as mochilas. Joana, a orientadora, entrou por causa da gritaria. [...]

A Laura, nossa professora, entrou, escorregou, caiu sentada na tinta [...].

Heloísa Pietro. *A vida é um palco*. Ilustrações de Janaína Tokitaka. São Paulo: SM, 2006. p. 32-41.

1 Nessa história, quais personagens da comunidade escolar aparecem? Marque com um **X**.

- [ ] professora
- [ ] cozinheiro
- [ ] diretora
- [ ] estudantes
- [ ] orientadora
- [ ] coordenador

2 Em sua opinião, a atitude de Lucinha e dos colegas foi respeitosa? Quais foram as consequências?

3 Com a ajuda do adulto que cuida de você, destaque a ficha da página 151. Nela, você vai desenhar seus amigos de escola e anotar os nomes deles. Em uma data combinada, mostre seu desenho para a turma.

Direitos e deveres na escola

Na escola, todos têm o **direito** de ser respeitados e o **dever** de respeitar. Para garantir esse respeito, a escola estabelece algumas **regras** de convívio.

Elas são válidas para estudantes, professores e outros funcionários da escola.

4 Você conhece seus direitos e deveres na escola? Classifique cada frase a seguir e identifique-a de acordo com as cores:

▨ Direitos   ▨ Deveres

- [ ] Ter carteiras adequadas para estudar.
- [ ] Cuidar das carteiras e dos demais materiais da escola.
- [ ] Ser respeitado por professores e funcionários.
- [ ] Tratar os colegas com educação.
- [ ] Receber cuidados quando se machuca.
- [ ] Prestar atenção às aulas e fazer as lições.
- [ ] Participar das atividades em grupo.
- [ ] Respeitar os colegas e os funcionários da escola.
- [ ] Conviver com outras crianças.

5 Com a orientação do professor, você e a turma vão anotar as principais regras de convívio da escola. Vocês podem elaborar um rascunho no caderno e depois escrever o texto nas linhas a seguir.

_____
_____
_____
_____

Vamos ler imagens!

Monumento romano: professores e estudantes

Ao observar uma imagem, é importante prestar atenção na posição dos elementos, como objetos e personagens.

Isso pode ajudar a compreender melhor a obra. Observe, a seguir, uma cena escolar retratada pelos romanos antigos.

▲ Detalhe de monumento romano feito há quase dois mil anos. Atualmente, ele é chamado de *O mestre e seus discípulos*. Essa obra foi encontrada por pesquisadores em Trier, na Alemanha, e é um importante documento histórico.

Agora é a sua vez

1. Nesse monumento, quem possivelmente seria o mestre ou professor? E quem possivelmente seriam os discípulos ou estudantes? Preencha os quadrinhos de cada personagem de acordo com a legenda a seguir.

   P professor   **E** estudante

   - Que pistas da imagem você usou para descobrir quem é o professor e quem são os estudantes?

2 Esse monumento romano é antigo ou é atual? Há quanto tempo ele foi feito?

_____

3 Observe os objetos que as personagens estão utilizando. Você sabe os nomes deles? Marque com um **X** o material a seguir que aparece no monumento. **Dica**: Leia com atenção as legendas.

☐ Os ensinamentos dos mestres estavam escritos nas *volumina*, antigos manuscritos que tinham formato de rolo.

☐ Para carregar as *volumina*, os romanos costumavam utilizar a *capsa*, um tipo de bolsa de madeira.

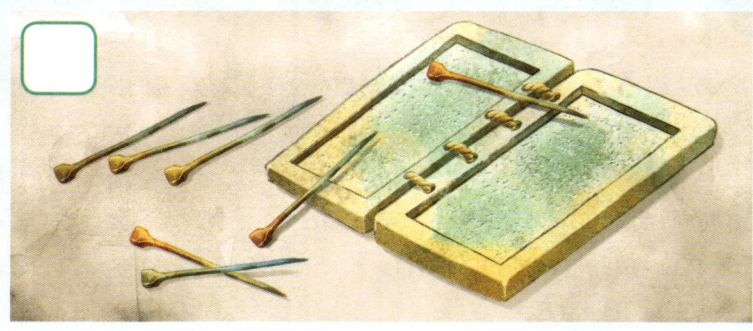

☐ Para treinar a escrita, os romanos escreviam em uma tábua de cera usando os *stili*, instrumentos de ponta afiada.

- Alguns desses objetos se parecem com objetos escolares que utilizamos atualmente? Converse sobre isso e, em caso afirmativo, anote os nomes deles a seguir.

_____
_____
_____
_____

cento e vinte e cinco **125**

Aprender sempre

1. Com a ajuda do adulto que cuida de você, leia as frases a seguir. Pinte de **roxo** os quadrinhos das frases que se referem a atitudes que podem contribuir para o aprendizado.

☐ Não fazer a lição de casa.

☐ Ser pontual e chegar à aula no horário.

☐ Pedir licença para falar.

☐ Colaborar com os colegas.

☐ Manter a sala de aula limpa.

☐ Não participar das atividades.

- Agora, tente reescrever no caderno as frases que você não assinalou, de maneira que elas passem a indicar atitudes que contribuem para o aprendizado.

2. Leiam a tira a seguir e respondam às questões.

— DINHO, VOCÊ VIU A BLUSA QUE O BETO ESTÁ USANDO?
— VI SIM!
— TEM COISA MAIS RIDÍCULA QUE AQUILO?
— TEM SIM!
— A MANIA QUE ALGUNS TÊM DE ZOAR DOS OUTROS!

Alexandre Beck/Acervo do cartunista

Alexandre Beck. *Armandinho Sete*. Curitiba: Artes & Letras, 2015. p. 83.

a. Vocês sabem o significado da palavra **zoar**? Procurem em um dicionário. Depois, marquem com um **X** a definição que mais se aproxima da usada na tira.

☐ Fazer barulhos e ruídos.

☐ Caçoar de alguém.

☐ Atrapalhar uma pessoa.

b. Alguém da turma já passou por alguma situação parecida na escola? Se sim, comentem essa experiência.

c. A atitude de "zoar" os colegas é boa para a convivência na escola? Por quê?

3 A escola não é único lugar onde é possível se reunir para trocar conhecimentos. O costume de contar histórias existe na cultura de vários povos. Essa é uma maneira de os mais velhos ensinarem coisas aos mais novos. Observe as imagens a seguir.

A

Lorenz Frölich. *A contadora de histórias*, 1843. ◀ Óleo sobre tela.

B

▶ Crianças e anciãs da aldeia Tekoa Kalipety, do povo Guarani, na capital de São Paulo. Foto de 2017.

a. Qual imagem é a reprodução de uma pintura e qual é a reprodução de uma foto? Associe as colunas.

Imagem **A**   Foto

Imagem **B**   Pintura

b. Quem são as pessoas que estão contando a história em cada uma das imagens?

c. Você já ouviu histórias dos mais velhos? Em caso afirmativo, conte como foi essa experiência e o que você aprendeu com ela.

cento e vinte e sete **127**

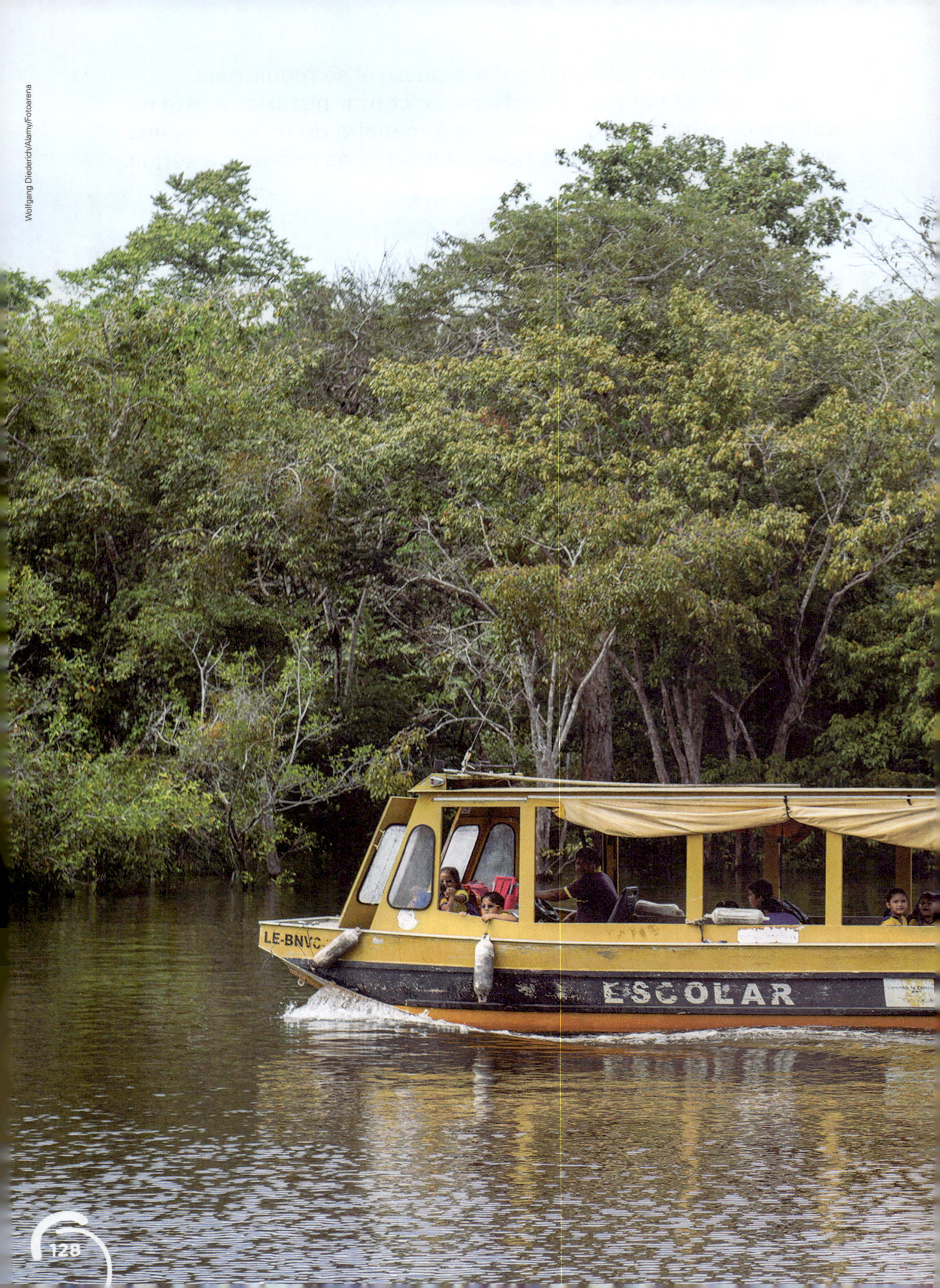

Wolfgang Diederich/Alamy/Fotoarena

CAPÍTULO 12

As escolas do Brasil: ontem e hoje

Hoje, todas as crianças e todos os adolescentes do Brasil têm o direito de frequentar a escola.

Mas nem sempre foi assim: há cem anos, nem todas as crianças conseguiam ir à escola. Além disso, naquela época, o espaço escolar e o ensino também eram diferentes.

Para começo de conversa

1. Onde e quando essa foto foi tirada? Que situação ela retrata?

2. Em sua opinião, como essas crianças poderiam ir à escola se não usassem esse tipo de meio de transporte?

3. Você acha importante garantir que todas as crianças e todos os adolescentes do Brasil tenham condições de frequentar a escola? Por quê?

Saber Ser

◀ Transporte escolar usado por estudantes de comunidades ribeirinhas do rio Amazonas, no Pará. Foto de 2019.

Há cem anos...

... as escolas no Brasil eram muito diferentes do que são hoje. Havia diferenças não só nos prédios e nas salas de aula, mas também no ensino.

Naquela época, poucas crianças iam à escola. Dessas crianças, a maioria era menino. Os estudantes aprendiam a ler, a escrever e a fazer cálculos (somar, subtrair, dividir e multiplicar). As poucas meninas que iam à escola tinham também aulas de costura e de bordado.

Como você viu no capítulo 1, havia salas de aula só de meninos e salas de aula só de meninas. Existiam também salas mistas, onde as meninas sentavam de um lado e os meninos sentavam de outro. Observe as fotos a seguir.

▲ Meninas em aula de trabalhos manuais no município do Rio de Janeiro em 1922.

▲ Meninos em aula de alfaiataria no município do Rio de Janeiro em 1915.

1 Pinte de **verde** o quadrinho que acompanha a frase referente à realidade das escolas de antigamente.

☐ Não havia diferenças entre o ensino de meninos e o de meninas.

☐ Havia aulas específicas para meninos e aulas específicas para meninas.

2 De acordo com o que você estudou até agora, por que havia poucas meninas na escola?

Registros

Boletim escolar

Hoje, todas as crianças e todos os jovens, tanto meninos como meninas, devem ir à escola. Em geral, meninos e meninas estudam na mesma sala e as aulas são as mesmas para todos. Além dessas mudanças, outras coisas se transformaram na escola ao longo do tempo.

Um dos documentos que podem ser usados para observar essas mudanças é o boletim escolar. Ele traz informações individuais sobre o estudante e também mostra um pouco sobre como a escola em que ele estuda está organizada. Veja o boletim escolar a seguir.

Boletim escolar, de 1962, de estudante do 1º ano do curso primário, que hoje corresponde ao 2º ano do Ensino Fundamental. No boletim, eram indicadas as notas do aluno e a frequência dele nas aulas, entre outras informações.

1. Que informações podem ser encontradas nesse boletim escolar? Marque com um **X**.

   ☐ nome do estudante
   ☐ endereço do estudante
   ☐ nome da escola
   ☐ ano em que o aluno estudou
   ☐ nomes das disciplinas
   ☐ ano do boletim
   ☐ notas do estudante
   ☐ data de nascimento

2. Compare as disciplinas que você tem na escola com as que aparecem nesse boletim. Quais disciplinas você não tem? E quais você tem e não estão no boletim?

As escolas indígenas

Os povos indígenas não educavam suas crianças em escolas. Elas aprendiam observando os adultos. Foram os jesuítas, há mais de quatrocentos e setenta anos, que criaram as primeiras escolas para ensinar aos indígenas a língua portuguesa, os costumes e as crenças religiosas dos europeus.

Há aproximadamente cinquenta anos, o ensino na maioria das escolas indígenas era como o ensino dos não indígenas. A língua e os costumes dos povos indígenas não eram levados em consideração.

E hoje, como são as escolas indígenas? Em muitas escolas localizadas nas aldeias, as crianças indígenas têm aulas na língua de seu povo, com professores indígenas.

Elas aprendem Português, Matemática e outras disciplinas ensinadas às crianças não indígenas. Mas também têm aulas sobre o modo de vida e os conhecimentos do povo ao qual pertencem.

Sala de aula da escola indígena que fica na Terra Indígena Pau-Brasil, do povo Tupiniquim, em Aracruz, Espírito Santo. Foto de 2019.

1 Pinte de **vermelho** o quadrinho que melhor completa a frase a seguir.

Hoje, nas escolas indígenas do Brasil, as crianças aprendem:

☐ somente Português e Matemática.

☐ apenas Filosofia europeia.

☐ a valorizar e a preservar o modo de vida de seu povo.

☐ a cantar somente as canções de seu povo de origem.

Aprendendo as tradições de seu povo

Como você viu, nas escolas indígenas, os estudantes aprendem a língua, as histórias, os costumes, a culinária e o modo de trabalhar do povo de que fazem parte.

Em algumas aldeias, as pessoas mais velhas vão à escola para ensinar seus conhecimentos sobre plantas medicinais e levam os meninos e as meninas à mata para colher essas plantas.

Elas também ensinam as crianças a fazer cestos, cerâmica, enfeites e outros objetos de acordo com a tradição do povo a que pertencem.

Os professores indígenas elaboram livros e outros materiais especiais para os estudantes indígenas aprenderem melhor. Nesses livros, escritos nas várias línguas indígenas, fala-se da vida desses povos.

▲ Estudante do povo Kalapalo, da aldeia Ahia, no Parque Indígena do Xingu, Mato Grosso, em atividade na sala de aula. Ele está escrevendo em sua língua nativa. Foto de 2018.

▲ Estudantes indígenas do povo Guató durante estudo do meio na aldeia onde moram, próxima ao rio Paraguai, no município de Corumbá, Mato Grosso do Sul. Foto de 2017.

2. Você já fez algum trabalho escolar como o da foto **A**? E já participou de alguma atividade parecida com a retratada na foto **B**?

3. Em sua opinião, as atividades escolares mostradas nas imagens **A** e **B** ajudam a preservar a cultura indígena? Por quê?

As escolas nas comunidades quilombolas

Durante mais de trezentos anos, muitos africanos foram trazidos à força para o Brasil para serem escravizados. Eles e seus descendentes lutaram de várias formas contra essa situação e muitos conseguiram se libertar dela.

Alguns desses grupos criaram povoados chamados de **quilombos**. O tempo passou e as tradições dos quilombos podem ser encontradas ainda hoje. Os descendentes dessas comunidades são chamados de **remanescentes** quilombolas ou remanescentes de quilombos.

Remanescente: aquele que restou.

Atualmente, há escolas também nessas comunidades. Nelas, as crianças aprendem as disciplinas escolares comuns e os costumes e conhecimentos de seus antepassados quilombolas.

Estudantes durante aula de práticas agrícolas na Escola Estadual Quilombola Professora Tereza Conceição de Arruda, no Quilombo Mata Cavalo, em Nossa Senhora do Livramento, Mato Grosso. Foto de 2020.

1 Você faz parte de alguma comunidade de remanescentes quilombolas? Em caso afirmativo, responda às questões a seguir sobre a sua comunidade. Em caso negativo, com a orientação do professor, pesquise informações sobre a comunidade de remanescentes quilombolas mais próxima de onde você mora.

a. Qual é o nome dessa comunidade?

b. Há escola nessa comunidade? Se sim, qual é o nome dela?

A importância dos antepassados

Os homens e as mulheres remanescentes quilombolas guardam tradições próprias, como práticas religiosas, danças, cantos e modos de cozinhar, de plantar e de viver.

Essas tradições vêm de seus antepassados e são transmitidas dos mais velhos aos mais novos até hoje. Boa parte dos costumes foi ensinada por antepassados africanos, mas costumes de antepassados indígenas e europeus também foram incorporados a essa cultura. Nessas comunidades, o conhecimento dos mais velhos é muito valorizado. Observe as fotos a seguir.

Na Comunidade Quilombola do Baú, em Araçuaí, Minas Gerais, as mulheres mais velhas, que são lideranças na comunidade, compartilham seus saberes com as crianças. Foto de 2018.

A participação dos mais velhos também ocorre na escola. Na foto, evento escolar com as lideranças femininas do Quilombo Mata Cavalo, no Mato Grosso, na Escola Estadual Quilombola Professora Tereza Conceição de Arruda. Foto de 2020.

2 O que você aprende com as pessoas mais velhas de sua família? Converse com essas pessoas e peça a ajuda delas para escrever, no caderno, quatro coisas que você aprendeu com elas. Escreva também o nome dessas pessoas e o grau de parentesco entre você e cada uma delas.

Pessoas e lugares

A escola da comunidade Cabeceira do Amorim

Você lembra que as comunidades que moram em regiões próximas às margens dos rios são chamadas de **ribeirinhas**? Os costumes das famílias ribeirinhas estão muito ligados às águas dos rios e das chuvas.

E como são as escolas nessas comunidades? Para descobrir, vamos conhecer a escola da comunidade ribeirinha Cabeceira do Amorim, às margens do rio Tapajós, em Santarém, Pará.

Com cerca de cem estudantes, a Escola Municipal Luiz Antonio de Almeida tem sete salas de aula. Algumas das turmas são multisseriadas, isto é, são formadas por estudantes de várias idades e em diferentes anos do Ensino Fundamental.

O calendário escolar costuma acompanhar as cheias e as secas do rio. O período em que chove menos concentra o maior número de aulas. Por isso, geralmente, as aulas acontecem de agosto a abril, com recesso em dezembro. Já as férias escolares ocorrem entre os meses de maio e julho, no período em que chove mais.

▲ Entrada da Escola Municipal Luiz Antonio de Almeida, em Santarém, Pará. A escola também recebe estudantes de outras duas comunidades ribeirinhas: Pajurá e Sítio Boa Sorte. Foto de 2017.

▲ A comunidade Cabeceira do Amorim costuma participar de diversas atividades da escola. Nas duas fotos, estudantes, professores e familiares realizam o plantio de mudas nativas para celebrar a instalação de um sistema de abastecimento de água na comunidade. Fotos de 2017. ▶

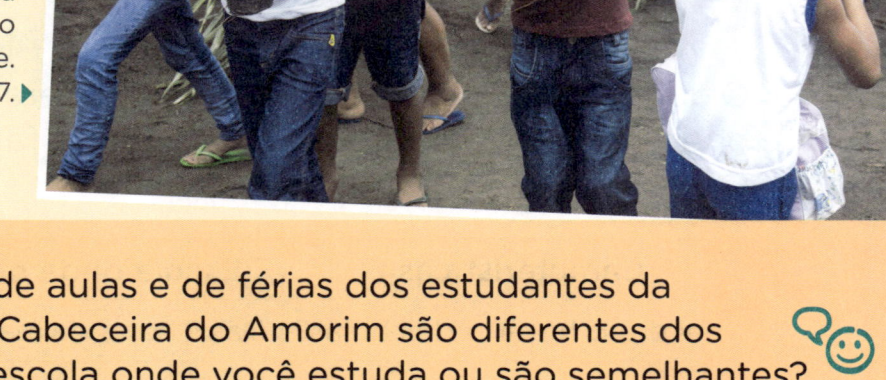

1. Os períodos de aulas e de férias dos estudantes da comunidade Cabeceira do Amorim são diferentes dos períodos da escola onde você estuda ou são semelhantes? Por quê?

2. Há algum rio perto de onde você mora? Os períodos de muita chuva interferem no modo como você vai para a escola?

3. Você conhece alguma comunidade ribeirinha ou faz parte de uma comunidade desse tipo? Conte sua experiência.

cento e trinta e sete 137

Aprender sempre

1. Acompanhe a leitura do relato de dona Tereza, de 67 anos, sobre a escola onde ela estudou.

> Eu entrei com 7 anos e estudava o dia inteiro. Eu lembro que no primário eu estudava Matemática, Português, História, das 9 h da manhã às 5 h da tarde, com intervalo de uma hora para o almoço. [...] tinha também trabalhos manuais, a gente levava um bordadinho para fazer, uma costura [...]. Aos sábados era o dia que a gente fazia esses trabalhos. Sábado era só meio dia. [...] A escola [...] tinha sala só de meninas e [sala] só de meninos.
>
> Relato de dona Tereza recolhido e publicado por Magda Sarat. Memórias da infância e histórias da educação de imigrantes estrangeiros no Brasil. Em: *VI Congresso Luso-Brasileiro de História da Educação*, abr. 2006, Uberlândia.

a. Algumas pessoas mais velhas, como dona Tereza, ao falar sobre a escola, usam palavras como **primário** e **ginásio**. Você sabe o que elas significam? Pergunte aos adultos de sua família para descobrir o significado delas e anote-os.

_____

_____

_____

b. O quadro a seguir apresenta algumas características da escola onde dona Tereza estudou. Mas estão faltando informações. Complete-o.

Características	Escola onde dona Tereza estudou
Qual era o horário das aulas?	Das 9 horas da manhã às 5 horas da tarde.
Quais eram as disciplinas estudadas?	
Os estudantes almoçavam na escola?	
Havia aulas aos sábados?	
As turmas eram mistas?	

2 Agora, complete o quadro a seguir com as características da escola onde você estuda.

Características	Escola onde você estuda
Qual é o horário das aulas?	
Quais são as disciplinas estudadas?	
Os estudantes almoçam na escola?	
Há aulas aos sábados?	
As turmas são mistas?	

- Leia suas respostas para a turma. Depois, faça como dona Tereza e conte como é a escola onde você estuda.

3 As escolas de comunidades ribeirinhas e de remanescentes de quilombos são muito importantes para a preservação da cultura desses grupos e para a educação dessas comunidades. Observe as fotos e escreva, no caderno, uma frase sobre isso para cada caso.

Saber Ser

A

Escola Municipal Lago do Catalão, em Iranduba, Amazonas. Ela fica em uma palafita. Foto de 2020.

B

Escola de Ensino Fundamental da Comunidade Quilombola de Uxizal, na floresta Amazônica, no Pará. Foto de 2020.

cento e trinta e nove **139**

Até breve!

A cada ano escolar, você e os colegas passam por novos desafios e aprendizagens. Você já parou para pensar no quanto aprendeu neste ano? Para saber isso, faça as atividades a seguir.

1 Escolha um adulto de sua família do qual você goste e tente anotar, no caderno, as seguintes informações sobre ele: nome, idade, grau de parentesco em relação a você, trabalho, brincadeira favorita, comida favorita e por que você o escolheu.

2 Pense nos objetos que fizeram parte de seu cotidiano ao longo deste ano. Escolha o objeto que foi o mais importante para você e que tem um significado especial para sua história. Desenhe-o no quadro e anote o nome dele na linha.

- Nome do objeto: _____
- **a.** Esse objeto se transformou ao longo do tempo? No passado, ele era de um jeito e, agora, ele está de outro jeito? Explique.
- **b.** Como esse objeto se tornou parte da sua vida? Ele também faz parte da história da sua família?

3 Pense nos trabalhos realizados pelos adultos de sua escola, de sua família e de sua comunidade. Há alguma profissão que você gostaria de exercer quando chegar à fase adulta?

- Nome da profissão: _____

a) Qual é a importância dessa profissão para a comunidade?

b) Quais são as pessoas que você conhece que exercem essa profissão?

4 Em uma folha avulsa de papel, faça dois desenhos: um de um relógio de ponteiros indicando a hora de entrada na escola e outro de um calendário com o dia, o mês e o ano de hoje. Mostre seus desenhos ao professor.

5 Complete a frase a seguir com o que você deseja conquistar no próximo ano. Depois, leia suas expectativas para o professor.

No ano de _____ , eu espero que _____

_____

_____

_____

_____

_____

6 No início do ano, vocês combinaram algumas regras para que o convívio na escola se tornasse harmônico entre os colegas e agradável a todos. Sobre isso, respondam:

a. Todos cumpriram o que foi combinado?

b. Quais regras vocês tiveram de alterar durante o ano? Por que as alterações foram necessárias?

c. Qual foi a regra mais difícil de cumprir? Por quê?

Sugestões de leitura

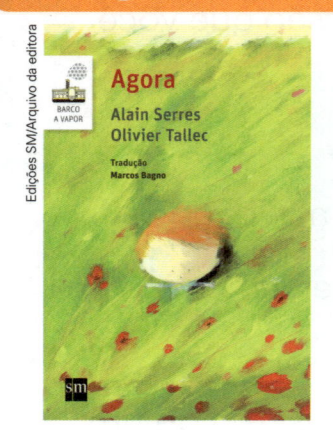

Agora, de Alain Serres. Tradução de Marcos Bagno. Ilustrações de Olivier Tallec. Edições SM (Coleção Barco a Vapor).

O livro reúne uma série de histórias que tratam de acontecimentos do cotidiano e das transformações que ocorrem ao longo do tempo na vida das pessoas, sob o ponto de vista de uma criança.

Máquinas do tempo, de Romont Willy. Callis Editora.

Computadores e celulares são objetos que fazem parte da vida de muitas pessoas. Mas nem sempre foi assim. Nesse livro, você vai conhecer como eram as tecnologias e as máquinas utilizadas no passado.

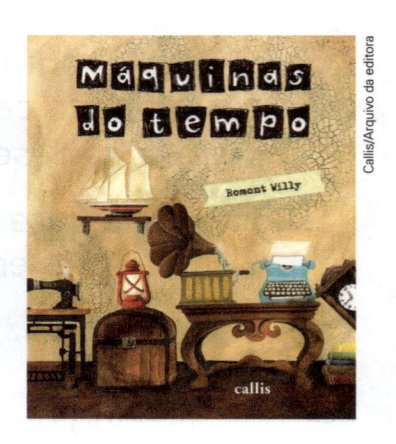

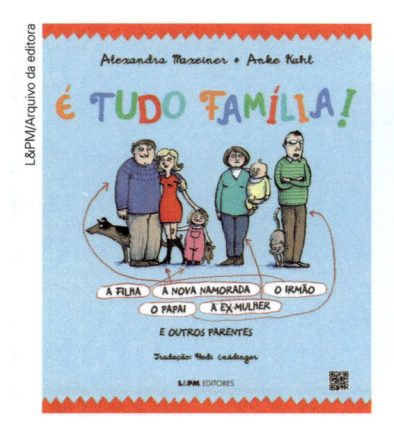

É tudo família!, de Alexandra Maxeiner. Tradução de Hedi Gnädinger. Ilustrações de Anke Kuhl. L&PM Editores.

As famílias são diferentes e cada pessoa que faz parte delas tem um jeito. Nesse livro, conheça a história de uma família muito grande em que todos vão ter de aprender a lidar com a diversidade.

Somos iguais mesmo sendo diferentes!, de Marcos Ribeiro. Ilustrações de Isabel de Paiva. Editora Moderna.

É possível sermos iguais e sermos diferentes ao mesmo tempo? De acordo com esse livro, sim. O autor mostra que reconhecer e respeitar as diferenças de cada pessoa é muito importante para fazermos do mundo um lugar mais justo e feliz.

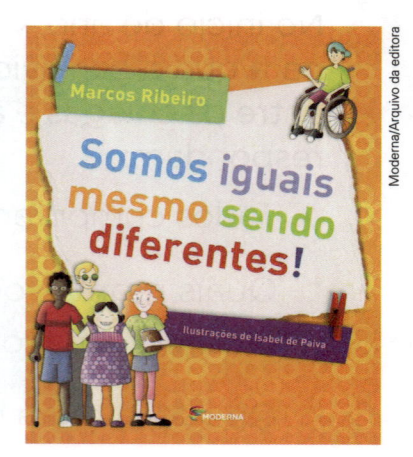

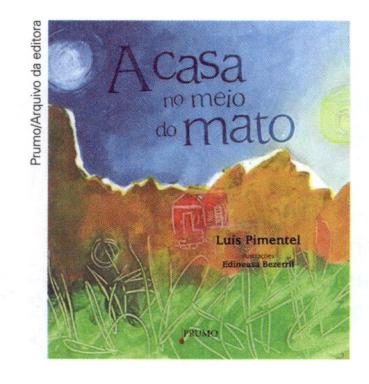

***A casa no meio do mato*, de Luís Pimentel. Ilustrações de Edineusa Bezerril. Editora Prumo.**

Aprofunde seus conhecimentos sobre a vida no campo com a leitura desse livro. O autor explora as belezas do dia a dia nas paisagens rurais, em que é possível ter contato com diferentes plantas e animais.

***Meu bairro é assim*, de César Obeid. Ilustrações de Jana Glatt. Editora Moderna.**

Quais são seus lugares favoritos na vizinhança? Nesse livro, o autor apresenta as diferenças entre os bairros, as características das ruas de um bairro e algumas curiosidades sobre os nomes deles.

***Hoje eu não quero ir à escola*, de Nilson Denadai. Ilustrações de Alex Correia. Editora Novo Século (Projeto Mundo Melhor).**

Já houve dias em que você não queria ir à escola? Como você se sentiu? O tema desse livro é sobre essa sensação. Nele, você vai acompanhar as aventuras de dois amigos que, ao retornarem das férias, se deparam com novos desafios escolares.

***Por que eu vou para a escola?*, de Oscar Brenifier. Tradução de Josca Ailine Baroukh. Ilustrações de Delphine Durand. Editora Panda Books (Coleção Pequenos Filósofos).**

A história desse livro é narrada por Felipe, um menino muito curioso que quer saber o porquê de irmos à escola. Para descobrir a resposta, ele faz essa pergunta a várias pessoas.

Bibliografia comentada

BASTOS, Maria Helena Camara; STEPHANOU, Maria (org.). *Histórias e memórias da educação no Brasil*, v. 3: século 20. 3. ed. Rio de Janeiro: Vozes, 2009.

A coletânea tem o objetivo de desenvolver um panorama amplo da história da educação e do ensino no Brasil, expressando novos olhares, analisando aspectos das políticas praticadas no passado e contribuindo principalmente para a formação dos educadores.

BUSCH, Ana; VILELA, Caio. *Um mundo de crianças*. São Paulo: Panda Books, 2007.

Para contar as histórias desse livro, a autora Ana Busch e o fotógrafo Caio Vilela fizeram uma grande viagem pelo mundo, visitando mais de cinquenta países. A obra possibilita aos docentes realizar diversos tipos de trabalho e variadas abordagens temáticas.

HIRATSUKA, Lúcia. *Ladrão de ovos*. São Paulo: SM, 2011.

Abordando o cotidiano de crianças que vivem em um sítio, o livro tem como personagens principais Laura e seu irmão Carlinhos. Os dois contam histórias do sítio e expressam o desejo de cuidar dos próprios animais de estimação, pois todos os animais que ali vivem já pertencem ao pai, ao avô, à avó ou à mãe.

KURUSA. *A rua é livre*. São Paulo: Callis, 2002.

A história baseia-se em experiências e em discussões de crianças que, por não terem onde brincar ou praticar seus jogos, buscam alternativas para realizar seus desejos.

MURRAY, Roseana. *Casas*. São Paulo: Formato Editorial, 2009.

O livro de poemas aborda uma temática que trabalha a diversidade do morar, tanto nas áreas rurais quanto nas áreas urbanas, possibilitando ao docente realizar um amplo trabalho pedagógico para tratar dessas questões em sala de aula.

NOVAIS, Fernando (org.). *História da vida privada no Brasil*. São Paulo: Companhia das Letras, 1997. v. 1, 2, 3 e 4.

Organizada em quatro volumes, a coleção propicia ao leitor uma aproximação com a história da vida privada no Brasil. Nas obras, que reúnem textos de diversos pesquisadores, são descritos e analisados os costumes e os modos de ser dos brasileiros ao longo de quase cinco séculos.

PRIETO, Heloisa. *A vida é um palco*. São Paulo: SM, 2006.

O livro narra três histórias em uma linguagem popular, que se aproxima da linguagem infantil. A personagem, uma menina de aproximadamente sete anos de idade, conta histórias que ocorrem em sua escola e com seus amigos.

SABINO, Fernando. *O menino no espelho*. 64. ed. Rio de Janeiro: Record, 2003.

Na obra, o menino Fernando, que vem a ser o próprio autor, vive uma infância repleta de fantasias e de muitas aventuras.

SCHWARCZ, L. M.; STARLING, H. *Brasil: uma biografia*. São Paulo: Companhia das Letras, 2015.

A obra permite uma aproximação com os principais marcos da história do Brasil, apresentando texto acessível, análise de documentação original e rica iconografia.

SILVA, Aracy Lopes da; GRUPIONI, Luís Donisete Benzi. *A temática indígena na escola*: novos subsídios para professores de 1º e 2º graus. São Paulo: Global, 2004.

A obra aborda uma ampla variedade de questões relacionadas à temática indígena, importantes para o trabalho docente tanto no Ensino Fundamental como no Ensino Médio.

SOUZA, Ana Lúcia Silva; CROSO, Camila (org.) *Igualdade das relações étnico-raciais na escola*: possibilidades e desafios para a implementação da Lei 10 639/2003. São Paulo: Ação Educativa e Ceert; Petrópolis: Ceafro, 2007.

A obra leva a uma importante reflexão a respeito da implementação da Lei n. 10 639/2003 nas escolas e possibilita conhecer melhor o cotidiano e as práticas escolares. Seu principal objetivo é contribuir para o aprimoramento das políticas públicas relacionadas ao tema das relações étnico-raciais nas escolas.

VARELLA, Drauzio. *Nas ruas do Brás*. São Paulo: Companhia das Letrinhas, 2004 (Coleção Memória e História).

Escrito pelo médico Drauzio Varella, o livro permite uma aproximação com o universo infantil e a história de São Paulo. Nele, o médico narra suas histórias de brincadeiras e de brigas no bairro do Brás, em São Paulo, e também sua primeira ida ao médico, aos seis anos de idade.

VERNE, Júlio. *Viagem ao centro da Terra*. São Paulo: Larousse do Brasil, 2005.

Nessa obra, Júlio Verne narra a emocionante história de uma viagem ao centro do globo terrestre, que tem como ponto de partida a descoberta de um manuscrito do século 16 escrito por um famoso cientista islandês. A aventura é realizada por um professor obstinado, um sobrinho medroso e um corajoso caçador, que vão navegar por mares desconhecidos, conhecer seres extraordinários e passar por caminhos que se transformam em labirintos.

DESTACAR E PREENCHER

PÁGINA 34 • ATIVIDADE 3

LINHA DO TEMPO DE _____

DESTACAR E PREENCHER

PÁGINA 47 • ATIVIDADE 3

INSTRUÇÕES

1. DEPOIS DE DESENHAR SUA CARETA DO MINGAU, PEÇA AJUDA A UM ADULTO QUE CUIDA DE VOCÊ PARA DESTACAR A MÁSCARA E FAZER UM FURO DE CADA LADO DELA.
2. PASSE UM CORDÃO OU UM ELÁSTICO POR ESSES FUROS E AMARRE COM CUIDADO.

DESTACAR E COLAR

PÁGINA 58 • ATIVIDADE 1

T I A

P R I M O

T I O

A V Ó

I R M Ã O

Página 107 • Atividade 4

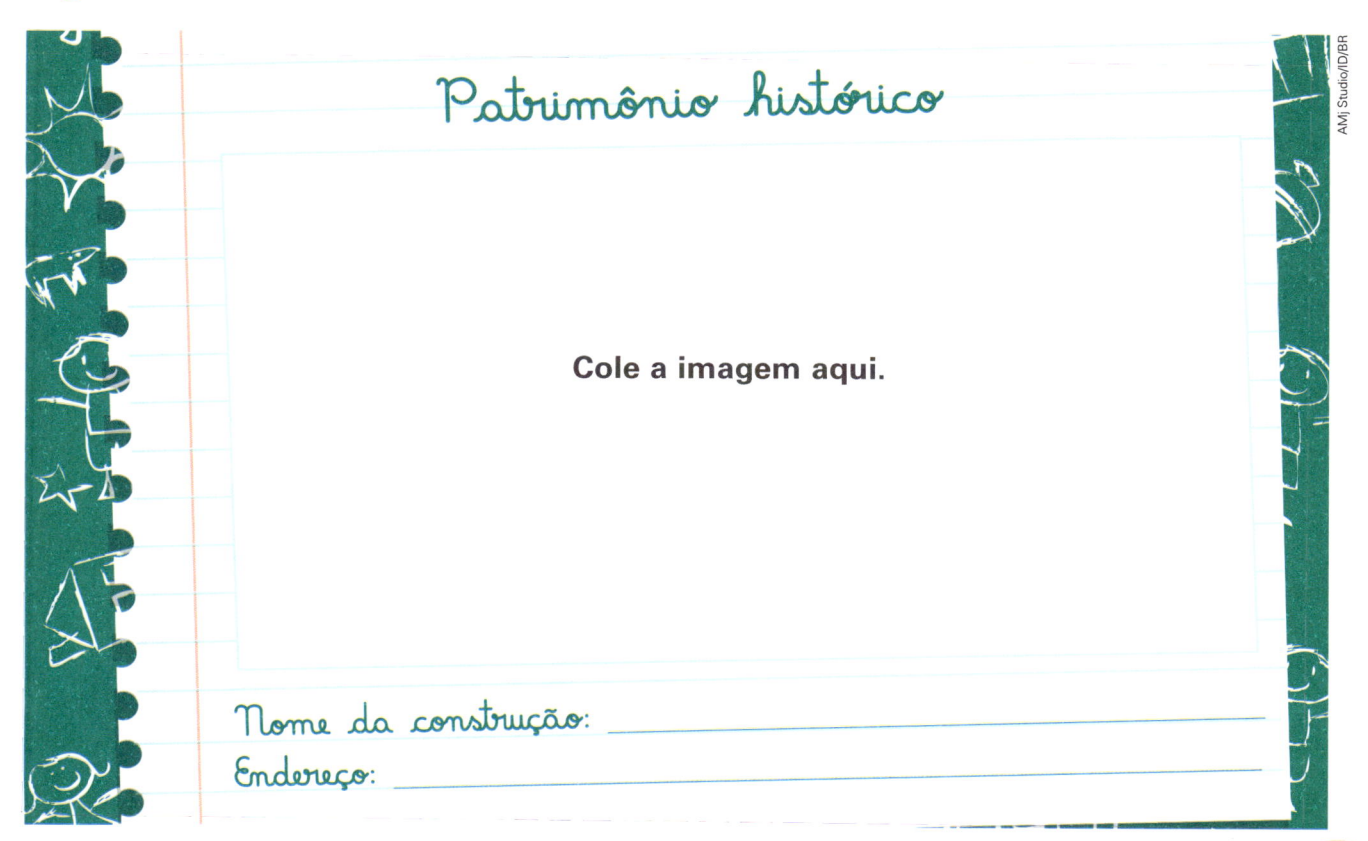

Patrimônio histórico

Cole a imagem aqui.

Nome da construção: _____
Endereço: _____

Destacar e desenhar

Página 122 • **Atividade 3**

Meus amigos

cento e cinquenta e um 151